나도 고양이 있어!

고양이 니들펠트

××× 히나리 지음 · 이해란 옮김 ×××

황금시간

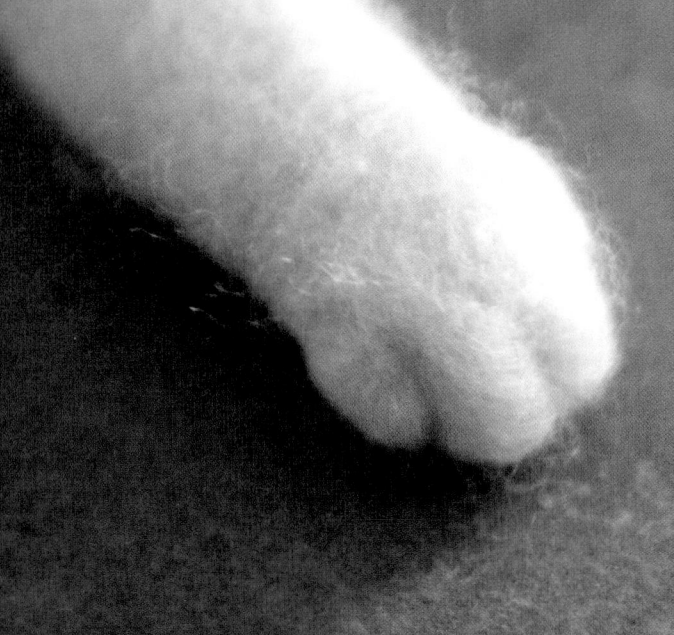

들어가며

처음 뵙겠습니다. 니들펠트 작가 히나리입니다.
자기도 모르게 쓰다듬고 싶어지는
당장이라도 살아 움직일 듯한
고양이 인형을 니들펠트로 만들고 싶어서
5년 전부터 꾸준히 작가 활동을 하고 있습니다.

어느 날, 살아생전의 고양이 사진을 보호자에게 빌려
니들펠트 고양이로 제작할 기회가 생겼습니다.
"세상에, 우리 아이 그 자체예요!"
보호자분은 저에게 더없는 찬사를 보내주셨어요.

제가 만든 니들펠트 고양이를 보고 마음이 포근해지셨으면,
가능하다면 여러분 손으로 직접 '우리 아이'를 만들어보셨으면……
이런 마음으로 이 책을 쓰기로 했습니다.

바늘을 쥐고 콕콕, 쿡쿡 시간을 들여서
세상에 단 하나뿐인
오직 당신만이 만들 수 있는
니들펠트 고양이들을
꼭 만나보세요.

차례

들어가며 ·· 2
히나리의 니들펠트 고양이 ·· 4
히나리네 아이들 ·· 22

니들펠트 고양이 만들기의 기본
    니들펠트 재료 ·· 24
    양모 섞는 방법 ·· 25
    히나리의 도구 상자 ·· 26
    바늘 다루는 방법 ·· 28
    자르는 요령 ·· 29
    고양이 몸 관찰 ·· 30
    히나리식 양모 심기 ·· 32
    궁금증 해결! Q&A 코너 ·· 35

전신 니들펠트 고양이 만들기
    치즈태비 아기 고양이(앉은 자세) ·· 37
    스코티시폴드(주저앉은 자세) ·· 61
    삼색이(식빵 자세) ·· 69
    샴 링스포인트(앉은 자세), 고등어태비(드러누운 자세) ·············· 75

얼굴만 만들기 & 액자로 꾸미기
    턱시도(얼굴+앞발) ·· 80

책에 실린 작품을 복제하여 판매(매장, 인터넷 등)하거나 상업적으로 이용하는 것은 금지되어 있습니다.
손수 만들어 즐기는 용도로만 이용해주세요.

히나리의
니들펠트 고양이

히나리네 아이들

히나리네 집은 마치 고양이의 성 같아요.
보드랍고 사랑스러운 니들펠트 고양이가 매일 마음을 어루만져준답니다!

치즈태비
조금 흐트러진 식빵 자세로 만들었어요.
표정에도 공을 들였습니다.

장모 고등어태비
등에 심은 털은 모델이 되어준 고양이의 털입니다.
한 올, 한 올 심혈을 기울여 심었지요.

고등어태비
2년 전 경매에 출품한 작품이에요.
자세는 물론 발바닥까지 신경을 썼습니다.

턱시도
처음으로 얼굴만 만든 작품이랍니다.
가방 모양의 이동장도 직접 만들었어요.

랙돌
우아한 분위기로 마무리했습니다.

정글리안 햄스터
키우던 아이의 자세를 재현했어요.

고양이 신사
도리이(鳥居, 신사 입구에 세워진 기둥으로 된 문)는 철사로 만들었습니다.

니들펠트 고양이 만들기의 기본

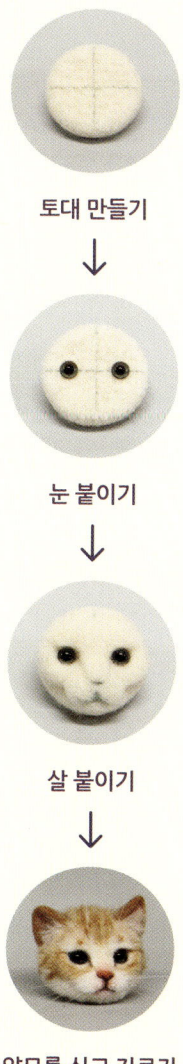

토대 만들기
↓
눈 붙이기
↓
살 붙이기
↓
양모를 심고 자르기

니들펠트 재료

니들펠트로 고양이를 만드는 데 필요한 주요 재료를 소개합니다.
다양한 재료를 사용해봐야 손에 맞는 재료가 무엇인지 찾을 수 있답니다.

양모

양모는 니들펠트용 바늘로 찌르면 단단해지는 섬유입니다. 바늘 옆면에 달린 돌기가 섬유를 얽어매서 펠트화하지요. 히나리가 주로 사용하는 양모 메이커는 '하마나카'*와 '페렌데일 가마쿠라'** 두 곳입니다. 양모는 동물의 털이어서 실제 고양이나 강아지와 놀게 하면 흥미진진한 상황이 펼쳐집니다. 하지만 놀다가 망가뜨릴 수도 있으니 되도록 가까이 두지 않는 편이 낫습니다.

베이스 울

토대 만들기에 특화된 양모입니다. 가볍게 찌르기만 해도 금방 뭉쳐서 작업 효율이 높아져요. '니들 와타와타'는 '하마나카'에서 발매하는 베이스 울 제품이랍니다.

고양이 안구

아름답게 빛나는 안구는 진짜 고양이를 쏙 빼닮은 인형을 만들 때 없어서는 안 될 재료입니다. 유리제, 플라스틱제 등등 여러 유형이 판매되고 있답니다.

알루미늄 철사

고양이의 뼈대와 꼬리를 만들 때 사용합니다. 두께가 2mm인 철사를 추천해요. 대형 할인점에서 구할 수 있습니다.

털실

철사로 만든 뼈대에 털실을 감으면 뼈대를 감싼 베이스 울을 바늘로 찔러 뭉치기가 수월해집니다.

접착제

얼굴에 눈을 붙이거나 몸통에 앞발을 붙일 때 사용합니다. 다 마르고 나면 투명해지는 유형을 추천해요.

솔

대형 할인점에서 판매하는 유백색 솔의 모를 수염으로 사용합니다. 마음에 드는 강도와 탄력을 지닌 수염을 찾아보세요.

나무 액자

액자 바깥으로 얼굴과 앞발을 내민 '액자 고양이'를 만들 때 필요합니다. 대형 할인점에서 쉽게 구할 수 있어요.

인조 식물

'액자 고양이'와 '전신 고양이'를 장식할 때 사용합니다. 대형 할인점이나 잡화점에서 마음에 드는 인조 식물을 찾아보세요.

● 하마나카 hamanaka.jp　●● 페렌데일 가마쿠라 perendale.jp

양모 섞는 방법

양모를 빠르게 뭉칠 수 있도록 미리 풀어내거나 색깔을 섞을 때 꼭 필요한 작업입니다.
두 가지 방법이 있습니다.

슬리커 사용하기 찔러서 뭉칠 양모

1. 슬리커를 두 개 준비합니다.

2. 섞거나 풀어내고 싶은 양모를 한쪽 슬리커에 얹고, 다른 슬리커로 잡아당깁니다. 원하는 결과물이 나올 때까지 이 작업을 반복하세요.

3. 덩어리지기 전에 멈추는 것이 요령입니다. 양모를 찔러 뭉치기 전에 이 작업을 해 두면 양모가 잘 엉켜서 조금만 찔러도 뭉쳐집니다.

손으로 섞기 심을 양모

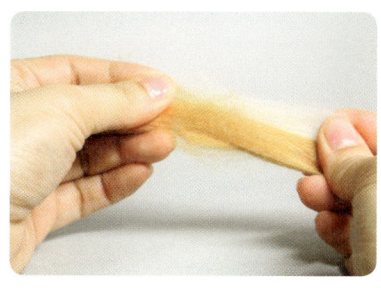

1. 섞고 싶은 색깔의 양모를 조금씩 뜯어냅니다. 한 번에 많이 섞으려고 하면 얼룩이 생기고, 잘 섞이지 않아요.

2. 뜯어낸 양모를 약 6cm 너비로 자르고, 카드를 섞듯 양손으로 잡아당겨 나눕니다.

3. 나눈 양모를 같은 방향으로 가지런히 겹치고, 다시 잡아당겨 나눕니다. 원하는 색감이 나올 때까지 이 작업을 반복하세요.

히나리의 도구 상자

히나리가 주로 사용하는 니들펠트 도구를 소개합니다.
이제까지 편리한 도구를 여럿 써봤지만 지금 사용하는 도구가 가장 손에 맞아요.

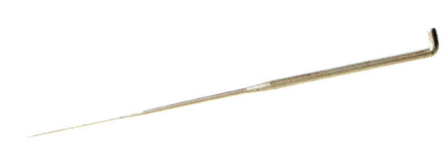

스피드 바늘

'클로버'에서 발매하는 스피드 바늘은 토대를 만들 때 주로 사용합니다. 바늘 옆면에 달린 돌기가 많은 것이 특징이에요. 적게 찔러도 많은 양모를 얽어맬 수 있어서 토대 만들기에 적합합니다.

※ 보통 '5구 바늘'이 스피드 바늘과 비슷한 용도로 쓰임

극세 바늘

'하마나카'에서 발매하는 극세 바늘은 양모를 심을 때 주로 사용합니다. 바늘 옆면에 달린 돌기가 스피드 바늘보다 적다는 것이 특징이에요. 이 바늘을 쓰면 토대가 내려앉는 것을 방지하면서 양모를 심을 수 있어요. 히나리의 작품 만들기에서는 극세 바늘을 많이 씁니다.

※ 보통 '1구 바늘'이 극세 바늘과 비슷한 용도로 쓰임

스펀지

양모를 찔러서 뭉칠 때는 반드시 스펀지에 받쳐 작업합니다. 스펀지 위에 수건을 깔면 양모가 스펀지에 박히는 것을 방지하여 더욱 편리해요. 찌르는 동안 스펀지에서 떨어져 나온 부스러기가 양모에 달라붙는 경우도 있으므로 검은색 양모를 찌를 때는 검은색 스펀지를 사용하는 요령이 필요하답니다.

컷워크 가위 _{수예용 가위}

눈가처럼 세세한 부분에 양모를 심을 때, 머리 윤곽을 다듬을 때 사용합니다. 끝이 날카롭고 날렵하여 좁은 부분에서도 이리저리 방향을 바꿀 수 있거든요. 가위가 꽤 튼튼해서 너무 크게 완성된 토대를 잘라 축소할 때도 요긴하게 쓰입니다.

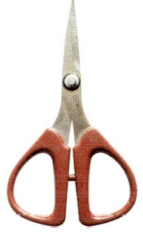

미용 가위

몸과 얼굴에 심은 양모를 다듬을 때 사용합니다. 마찰이 적은 가위를 사용하면 매끄럽고 보드라운 털의 결을 표현하기가 쉽거든요! 니들펠트를 처음 시작한 5년 전부터 쭉 애용하는 가위입니다.

송곳

고양이 안구를 끼울 구멍을 뚫을 때 사용합니다. 양모를 심고 나서 털의 방향을 정돈할 때도 브러시처럼 활용해요.

핀셋

양모를 잘못 심어서 일부분을 뽑아내야 할 때 사용합니다. 눈 위치를 조정할 때는 끝이 구부러진 핀셋을 사용하면 편리해요.

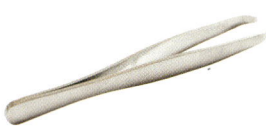

슬리커

양모를 풀어내거나 색깔을 섞을 때 사용합니다. '핸드 카더'라고 불리는 전용 도구의 대체품으로 발견한 물건이지요. 반려동물용 브러시로도 판매합니다.

자

얼굴 토대의 지름을 잴 때 주로 사용합니다. 히나리식 고양이의 얼굴은 5~5.5㎝가 기본이에요. 고양이 안구를 어떤 크기로 하느냐에 따라 작품의 크기가 결정되기 때문에 없어서는 안 될 필수 도구입니다.

◦—— 히나리의 노하우 ——◦

얇은 부분을 찌를 때 편리해요!
이름하여 '골판지 집게'

양모나 솜을 손가락으로 잡은 상태에서 찔러 뭉치다 보면 아차 잘못하여 손가락을 찌르는 경우가 생깁니다. 날카로운 바늘로부터 손가락을 보호하는 데는 골판지를 이중으로 접어 만든 집게가 편리해요. 이것으로 양모나 솜을 잡고 작업하면 바늘이 손가락을 직접 찌르는 사태를 막을 수 있습니다.

바늘 다루는 방법

니들펠트용 바늘은 섬세하고 날카롭습니다.
올바르게 사용해야 작업을 보다 효율적으로 진행할 뿐 아니라 상처도 방지할 수 있어요.

바늘 잡는 방법 · 찌르는 방법

1 검지와 중지를 가지런히 모아 바늘에 대고, 엄지로 누르듯이 잡으세요. 세 손가락으로 단단히 잡아 고정합니다. 익숙해지면 본인에게 맞는 편한 방법을 발견하게 된답니다.

2 베이스 울 또는 양모에 바늘을 찌를 때, 바늘 끝부분에 손이나 손가락이 있으면 다칠 위험이 있습니다. 되도록 스펀지에 받쳐 작업하고, 손으로 잡을 때는 바늘이 박히는 깊이에 주의하세요.

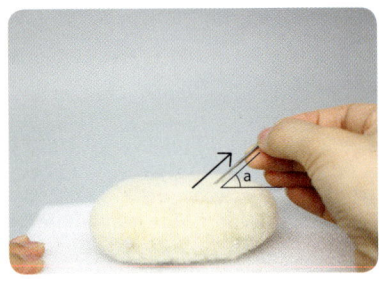

3 바늘을 뺄 때는 찌를 때와 동일한 각도로 빼내세요. 무리하게 방향을 틀면 바늘이 휘거나 부러집니다.

히나리의 노하우

바늘이 닿지 않는 부분에 편리해요!

긴 바늘 만드는 방법

털이 긴 고양이를 만들거나 이미 액자에 넣은 고양이를 수정할 때, 보통의 짧은 바늘로는 작업하기 어려울 때가 있습니다. 바로 그럴 때 사용하려고 긴 바늘을 직접 발명했어요. 자주 쓰는 물건을 이용해서 머리를 굴렸지요.

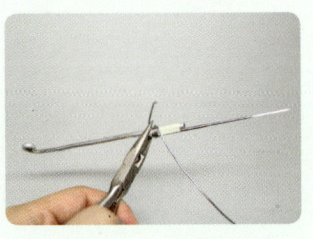

바늘과 두께가 같은 철사를 마스킹테이프로 연결하고, 연결한 곳에 가느다란 철사를 돌돌 감으면 끝입니다.

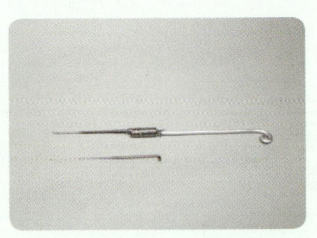

보통 바늘보다 두 배는 긴 바늘이 완성되었습니다.

자르는 요령

양모를 심고 나서 가위로 자를 때 털의 방향을 자연스럽게 유지하기 위해 실천하는 히나리만의 요령을 소개합니다.

자를 때는 털 방향에 맞게

양모 심기를 끝내고 다듬을 때 잘못된 방법으로 자르면 털의 방향이 부자연스러워집니다.
가윗날 끝을 털이 난 방향으로 놓고 자르세요.

이렇게 자르면 NG!

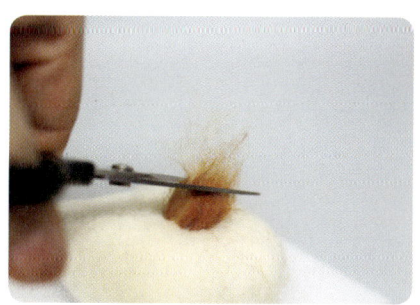

초보자가 저지르기 쉬운 실수가 양모 다발을 한 꺼번에 뭉텅 자르는 것입니다.

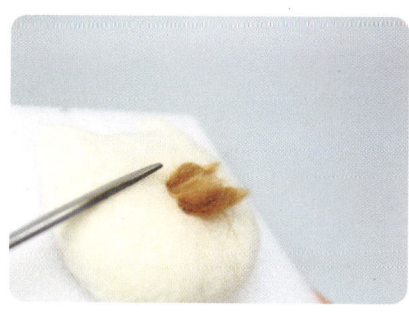

털 길이가 모두 똑같아져서 털이 방향을 잃고 말았어요.

실수해도 괜찮아요! 복구하는 방법

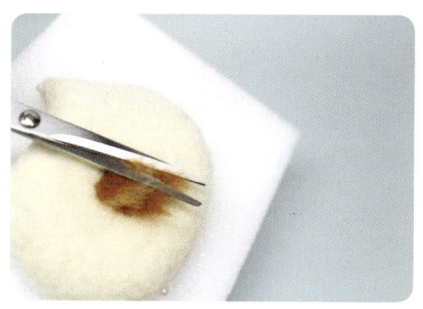

가지런히 자른 양모의 방향을 정돈한 다음 털이 난 방향과 같은 방향으로 가위를 올려놓으세요.

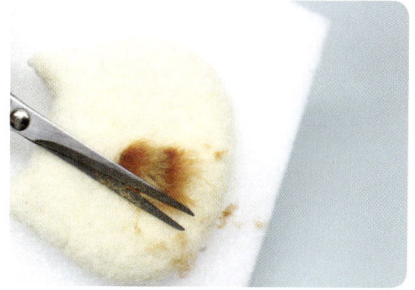

한 방향으로만 자르지 않고 좌우로 조금씩 움직이면서 다듬으면 털 길이가 알맞게 달라져서 자연스러움이 되살아납니다.

고양이 몸 관찰

니들펠트로 사실적인 고양이를 만들려면 기술을 갈고닦을 뿐 아니라
고양이의 몸을 자세히 관찰하고 연구하는 작업이 꼭 필요합니다.

◐ 고양이다운 윤곽을 지닌 얼굴 만들기

고양이의 얼굴은 어쩜 그렇게 귀여울까요? 사람들을 사로잡는 사랑스러운 얼굴이 어떻게 이루어져 있는지부터 살펴봅시다.

고양이의 얼굴에는 오목한 부분이 세 군데 있습니다. 눈머리(①), 콧부리(②), 주둥이와 볼 사이(③). 이 부분을 아주 뚜렷하게 만들어야 해요. 양모를 심기 전 단계에서는 '표정이 좀 지나치지 않나?' 싶을 정도로 뚜렷해야 양모에 가려지고 나서도 고양이다운 얼굴 윤곽이 유지됩니다(콧부리가 없는 고양이도 있습니다).

○ 히나리의 노하우 ○

눈 위치만 바꿔도 귀엽거나 능청스러운 고양이를 만들 수 있어요!

니들펠트 고양이를 완성하고 보니 예상한 얼굴이 아니라면? 눈과 주둥이의 위치 관계를 살펴보세요. 주둥이는 코에서 입 주위로 이어지는 볼록한 부분을 말합니다.

개인적인 생각이지만, 주둥이가 두 눈동자 사이에 있으면 귀엽고(A), 바깥으로 나오면 능청스러운(B) 표정이 된답니다.

A

귀여운 표정

B

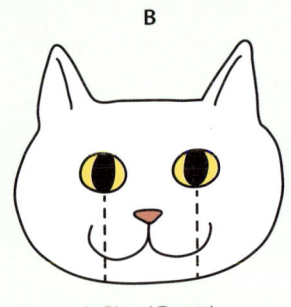

능청스러운 표정

◐ 기본 뼈대

히나리는 고양이의 형태를 더욱 자연스럽게 표현하기 위해 뼈대를 의식하며 작업합니다. 뼈대 만들기 단계에서 미리 몸 크기를 결정하면 나중에 발과 몸통의 길이를 크게 수정할 필요도 없어요.
그림은 머리 크기를 1로 잡고 뼈대를 만들 경우의 길이 비율입니다. 뼈대로 쓸 철사의 길이를 결정할 때 참고하시기 바랍니다.
이 그림은 어른 고양이 크기이니 아기 고양이를 만들 경우에는 51~52쪽을 참고하세요.

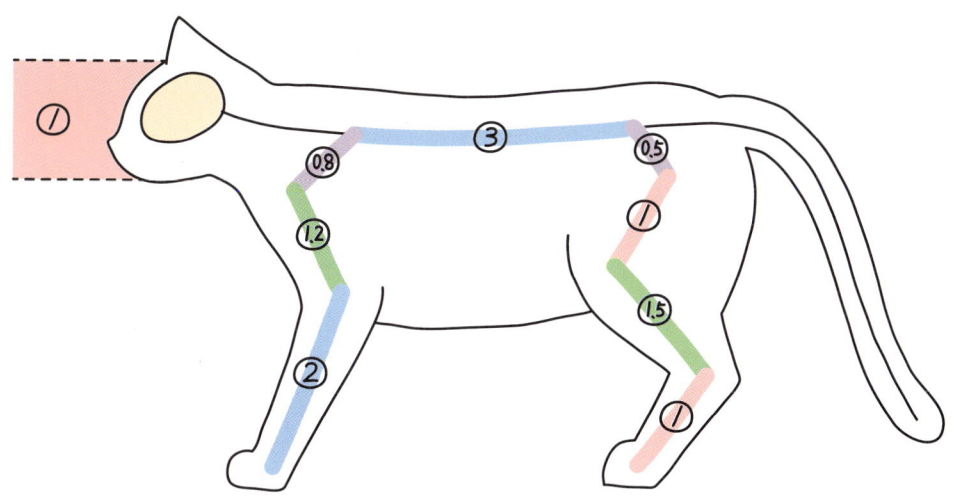

─◦ 히나리의 노하우 ◦─

발바닥 패드와 피부 색깔로 생생하게!

발바닥이나 발뒤꿈치, 배가 보이는 자세의 고양이를 만들 경우에는 발바닥 패드와 뱃살도 표현하면 좋아요. 분홍색이 포인트가 되어 고양이의 사랑스러움을 한층 끌어올려 줍니다.

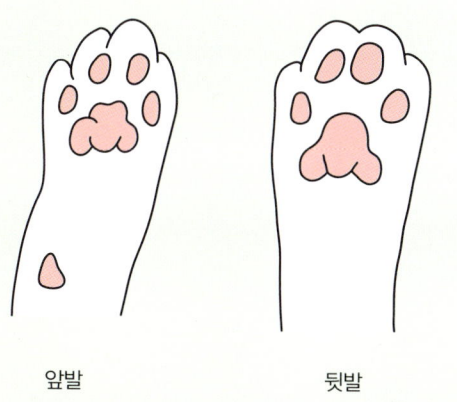

앞발   뒷발

유리 안구를 사용해요!

플라스틱 안구는 수공예 용품점에서 싸게 구입할 수 있지만 실제 고양이와 더 가까운 눈빛을 표현하고 싶다면 역시 유리로 된 안구를 추천합니다. 유리에 빛이 닿으면 니들펠트 고양이에게 생명이 깃든 것처럼 보이거든요. 게다가 동공 모양이 다르면 고양이의 표정도 확 달라집니다. 시판되는 유리 안구를 찾기가 쉽지 않아서 유리 안구 작가인 친구에게 제작을 의뢰하기도 합니다.

히나리식 양모 심기

히나리가 니들펠트 고양이 만들기에서 중요시하는 부분 중 하나가 바로 털 표현입니다.
비장의 바늘 기술을 여기 소개하니 혼자만 알고 계세요.

◐ 직선 찌르기 | Straight line

털을 토대에 수직으로 심는 방법

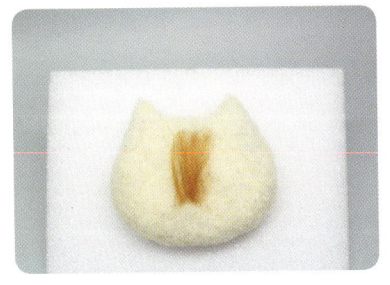

1   방향이 정돈된 양모를 토대 위에 얹습니다.

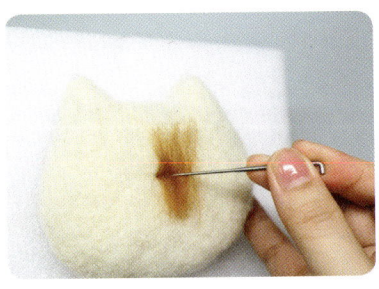

2   바늘을 양모 방향과 직각으로 세웁니다.

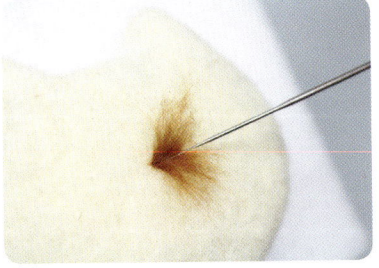

3   바늘을 옮겨 가며 3~6곳을 찌릅니다. 그러면 양모가 토대에 수직으로 박힙니다.

4   연이어 심을 경우에는 먼저 심은 양모를 앞으로 눕혀두고 심으세요. 다른 양모가 딸려오지 않도록 방지할 수 있습니다.

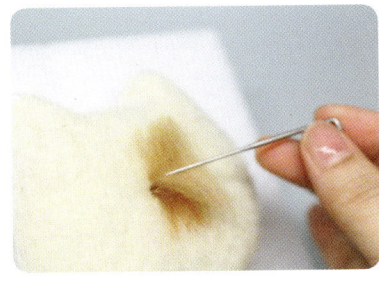

5   작업을 반복합니다.

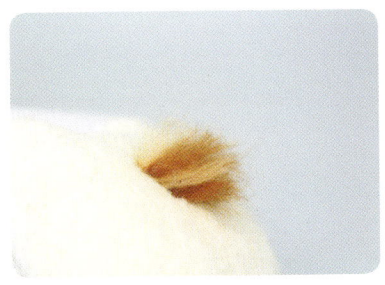

6   이 방법을 쓰면 수직으로 난 털을 표현할 수 있어요.

◐ 접어 직선 찌르기 Folding straight line

털을 토대에 비스듬하게 심는 방법

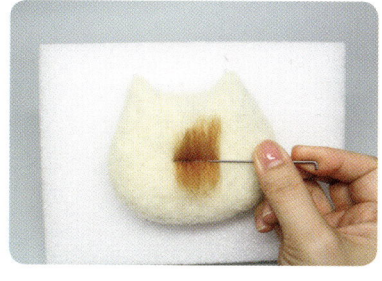

1 방향이 정돈된 양모를 토대에 얹고, 그 위에 바늘을 직각으로 얹습니다.

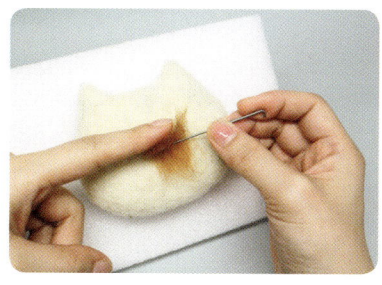

2 바늘 위쪽의 양모를 앞으로 접어 내립니다.

3 바늘을 잡지 않은 쪽 손가락으로 양모를 반듯하고 팽팽하게 당겨 누릅니다.

4 접힌 부분 안쪽에서 바늘을 옮겨가며 3~6곳을 찌릅니다.

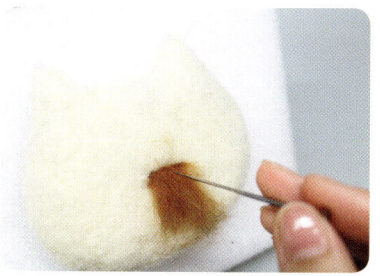

5 양모가 박힌 부분을 바깥쪽에서 다시 찔러 고정합니다.

6 이 작업을 반복하면 자연스럽게 누운 털을 표현할 수 있어요.

◦ 히나리의 노하우 ◦

바늘 보관법

처음 니들펠트를 시작했을 때, 마음에 든 바늘을 대량 구매하여 그대로 보관했습니다. 소중하게 보관한다고 했는데도 얼마간 내버려 두다 꺼냈더니 바늘에 녹이 슬어 있더군요. 막상 사용하려니까 쓸모없어진 바늘 때문에 아쉬웠던 적이 많았습니다. 그 경험에서 교훈을 얻어 바늘은 '양모에 꽂아서 보관'하게 되었어요. 조사한 바에 따르면 양모에는 유분이 소량 함유되어 있어서 녹을 방지하는 효과를 낸다고 합니다.

방법은 매우 간단합니다. 작품을 만드는 데 사용할 수 없거나 불필요한 양모를 작은 그릇에 담아 가볍게 찔러 뭉칩니다.

취향에 따라 간단한 무늬를 넣거나 양모 색깔을 구분해서 바늘을 종류별로 보관하면 편리합니다. 저는 이 보관법으로 녹과 인연을 끊었답니다.

◐ 꼬아 찌르기 | Twisted dot

까다로운 무늬를 넣을 때 편리한 방법

1 양모를 소량 뜯어서 반으로 접습니다. 접힌 부분을 손가락으로 비벼 꼬세요. 꼰 부분만 엉켜서 찌르기가 쉬워집니다.

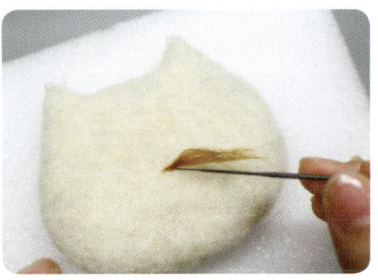

2 토대에 양모를 얹고, 꼰 부분에 바늘을 갖다 댑니다.

3 같은 곳을 약 3회 찌릅니다.

4 양모를 심은 상태.

5 양모를 당기면서 심으면 당긴 방향으로 털이 난 것처럼 표현됩니다.

6 이 방법을 쓰면 일반적인 방식으로는 표현하지 못하는 까다로운 무늬며 털의 표현까지 다채롭게 할 수 있어요.

◦ 히나리의 에피소드 ◦

독자적인 바늘 기술을 고안하기까지

지금은 다채로운 털 표현을 강점으로 꼽는 작가이지만 물론 처음부터 그렇지는 않았습니다. 니들펠트를 막 시작한 무렵에는 만들기 책에 적힌 방식대로 작품을 제작했지요.
하지만 그 방식으로는 이상적인 니들펠트 고양이를 만들 수 없었어요. 그저 하염없이 실제 고양이의 몸과 털을 관찰하고 연구하다가 문득 알아차렸습니다. 고양이의 털은 말 그대로 자유분방하게 나 있다는 사실을요. 기존 방식대로 양모를 심으면 위로 향하는 털밖에 표현하지 못하는데, 실제 고양이의 털은 여러 방향으로 뻗어 있더라고요.
도전과 실패를 거듭하여 고안해낸 방법이 앞서 소개한 바늘 기술입니다. 처음 기술을 떠올렸을 때는 좀 흥분해서 야단스럽게 기술 이름까지 지었답니다.

궁금증 해결!
Q&A 코너

과거에 히나리가 받은 제작에 대한 질문과 답변을 소개합니다!

Q 수공예 용품점에 갔더니 양모 종류가 어찌나 다양하던지! 양모 심기에 가장 알맞은 양모는 무엇인가요?

어떤 동물을 만들고 싶은가에 따라 다르지만 고양이라면 메리노가 적당하다고 생각합니다. 라팜처럼 털이 곱슬곱슬한 고양이는 예외고요. 메리노는 그리 곱슬곱슬하지 않아서 심었을 때 양모끼리 뒤엉키는 현상이 적습니다.

Q 양모를 얼마나 심어야 할지 잘 모르겠어요.

저는 부위별로 다르게 심습니다. 등과 뒤통수는 3~4㎜ 간격, 얼굴은 2㎜ 간격으로 심어요. 예전에 양모를 너무 빽빽하게 심었더니 토대에 박히는 털이 너무 많아 거대해진 적이 있거든요.

Q 줄무늬를 심으면 무늬가 너무 강하게 나옵니다. 왜 그럴까요?

털이 위를 보는 싱대에서 가위로 다듬으면 단면이 평평해져 무늬가 너무 뚜렷하게 나옵니다. 털을 눕힌 상태에서 자르세요. 자르고 나서 송곳으로 흩뜨리면 자연스럽게 마무리됩니다.

Q 주둥이를 만들 때 바늘로 둥글게 뭉치지를 못하겠습니다.

주둥이 만들기는 정말 어렵지요. 꼭 둥글게 만들려고 애쓰기보다는 작은 원을 쌓아 올린다는 느낌으로 조금씩 찔러 뭉치면 어떨까요? 팬케이크를 쌓아 올리는 느낌으로요.

히나리의 노하우

표정의 관건은 눈꺼풀!
"눈꺼풀로 말해요"

완성한 고양이의 얼굴이 무섭거나 눈이 부자연스러워 보이나요? 만약 그렇다면 눈꺼풀 만드는 방법에 문제가 있는지도 모릅니다. 눈꺼풀과 콧날을 만들 때는 안구가 충분히 파묻힐 만큼 높이를 돋워보세요. 눈꺼풀의 음영이 분위기를 살립니다. 눈꺼풀을 얼마나 내리느냐에 따라 졸린 얼굴, 토라진 얼굴, 놀란 얼굴 등등 표정을 자유자재로 표현할 수 있어요.

(좌) 눈꺼풀을 얇게 만들면 놀란 얼굴이 됩니다.
(우) 눈꺼풀을 내려 약간 토라진 표정도 귀여워요.

Q 유리 안구는 어디에서 판매하는지 모르겠어요.

저는 '하마나카'에서 나오는 제품을 주로 사용합니다. 대형 수공예 용품점에 가면 구입할 수 있어요. 도쿄 메구로에 위치한 '프리메라'*에서 구입하거나 펠트 작가인 '미스케폰'**님에게 구입하기도 합니다.

● * 일본의 수공예 용품점. primera-corp.co.jp
●● ** みぃすけぽん, 니들펠트 고양이를 만들고 유리로 고양이 안구도 제작하는 작가. 블로그 miisukepon10youmou.blog.fc2.com, 트위터 @mi_sukepon

Q 양모를 심다 보니까 얼굴이 커져서 이목구비의 균형이 깨졌어요.

안구를 지름이 큰 것으로 바꿔보면 어떨까요? 저는 보통 8㎜짜리 유리 안구를 사용하는데, 10㎜ 안구로 바꾸기도 합니다.

Q 무늬를 다시 없애고 싶어요! 그것도 가능한가요?

가능합니다. 좁은 범위라면 핀셋으로, 넓은 범위라면 손가락으로 양모를 뽑아내세요. 그다음에 다른 색깔 양모를 심어 수정합니다. 다만 지나치게 수정하면 토대의 베이스 울이 단단해져 내려앉으니 주의하시기 바랍니다.

Q 제작하는 동안에는 양모를 어떻게 관리하시나요? 자꾸 어수선해집니다.

대형 서류 봉투를 열어놓고 그 위에서 작업합니다. 그날 제작을 마친 뒤에는 그대로 서류 봉투를 닫아요! 그러면 양모가 없어질 일도 없고, 다음날 순조롭게 작업을 시작할 수 있답니다.

Q 한번 섞은 양모의 배합을 잊어버려서 재현하기 어렵습니다.

양모는 분량을 가늠하기가 어려워요. 섞은 양모를 한꺼번에 다 사용하지 말고 남겨두었다가 엇비슷한 색감이 나오도록 다시 섞는 방법이 가장 좋습니다.

Q 고양이 사진집을 보면서 만들어도 똑같이 완성되지 않아요. 더 공부할 방법이 없을까요?

저는 예전에 사진 속 고양이 얼굴을 소모한 적이 있습니다. 이목구비의 위치 관계며 윤곽 등등 고양이의 특징을 파악하는 데 좋은 훈련이 된다고 생각해요.

배와 입 주변의 털은 새하얗고, 몸에는 오렌지색 줄무늬가 있는 고양이.
분홍빛 코가 사랑스러움을 더욱 끌어올립니다.
경계심이 없고 느긋한 성격이라 누구에게나 사랑받는 인기 스타이기도 하지요.
사람을 잘 따르고, 조르는 데 능숙한 애교쟁이여서 집사는 꼼짝없이 포로가 되고 만답니다.

여기에서는 치즈태비 고양이의 제작법을 설명합니다.
몸까지 만들기 어렵다면 얼굴만 만들어서 컵 밖으로 얼굴을 쏙 내밀게 연출해도 귀여워요.
어른 고양이와는 다른 아기 고양이만의 사랑스러운 모습을 느긋하게 바늘로 콕콕 만들어보지 않으실래요?

◐ 재료

재료의 브랜드명은 아래와 같이 표기
페렌데일 가마쿠라······P   하마나카······H

양모

- 오렌지색 양모(울 캔디 4색 세트 '애시드 오렌지'의 오렌지색 / H)
- 분홍색 양모(펠트양모 솔리드 No. 56 / H)
- 흰색 양모(메리노 염색양모 화이트 / P)
- 황갈색 양모(메리노 염색양모 황갈색 / P)
- 검은색 양모(메리노 염색양모 검정 / P)
- 황색 양모(메리노 염색양모 황색 / P)
- 미색 양모(메리노 염색양모 미색 / P)
- 갈색 양모(메리노 염색양모 갈색 / P)

그 외

- 베이스 울(자연색 / H)
- 알루미늄 철사(2㎜ / 대형 할인점)
- 굵은 털실(수공예 용품점)
- 8㎜ 유리 안구(올리브색 / H)
- 수염(솔 / 대형 할인점)
- 솜

◐ 완성작

● 양모 심기 길잡이

히나리가 독자적으로 고안한 양모 심기 길잡이.
찌르는 방법과 심는 순서를 알려드려요.

 심는 순서

━━ 직선 찌르기

━━ 접어 직선 찌르기

○ 꼬아 찌르기

머리 · 앞

머리 · 뒤

몸 · 앞   몸 · 뒤

머리 만들기

※ 머리 토대 만들기

1 베이스 울을 작은 멜론 크기만큼 뜯어 손바닥에 얹습니다.

2 가운데로 그러모으듯이 접습니다. 두께가 일정해지도록 빈틈없이 접으세요.

3 지름이 약 6cm인 원형이 되도록 모양을 정돈합니다.

4 중심부를 바늘로 여러 번 찌른 뒤 주변을 찔러 뭉치기 시작합니다.

5 잘 뭉쳐지지 않을 때는 손가락으로 누르면서 찔러도 괜찮습니다.

6 앞뒷면의 두께가 일정해지도록 울퉁불퉁한 부분을 바늘로 찌릅니다.

7 골판지로 만든 집게를 사용하면 바늘에 손가락을 찔려 다치는 것을 방지할 수 있습니다.

8 아기 고양이의 얼굴 토대는 지름이 약 5cm 정도면 적당합니다.

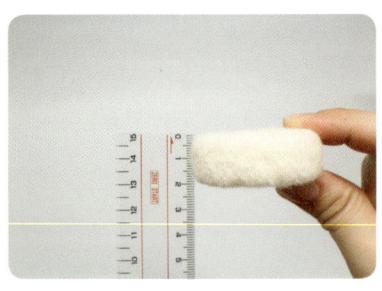

9 두께는 약 2cm, 굳기는 단단한 매트리스 정도. 얼굴을 만드는 도중에 토대 모양이 망가지지 않도록 주의하세요.

※ 얼굴 만들기

1 중심선을 긋고, 가로선 양쪽 1/4 지점에 송곳으로 구멍을 내어 눈동자 위치를 표시합니다.

2 눈동자 위치에 유리 안구를 끼워 넣습니다. 나중에라도 안구를 바꿀 수 있도록 아직 접착제로 붙이지는 마세요.

3 베이스 울을 조금 뜯어서 주둥이를 돋웁니다.

4 바늘로 찔러 고정하세요. 주둥이의 위치를 의식하면서 조금씩 찔러 뭉칩니다.

5 베이스 울을 조금 뜯어서 볼을 돋웁니다.

6 주둥이와 볼이 이어지도록 볼을 찔러 다듬습니다.

7 옆에서 본 모습.

8 베이스 울을 조금 뜯어서 눈꺼풀을 돋울게요.

9 베이스 울로 안구를 덮고, 안구 주변을 가볍게 찔러 고정합니다.

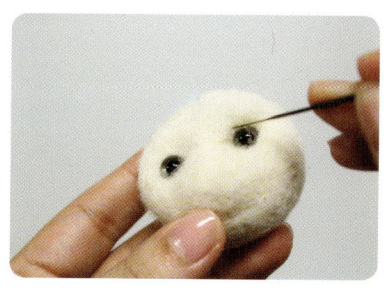 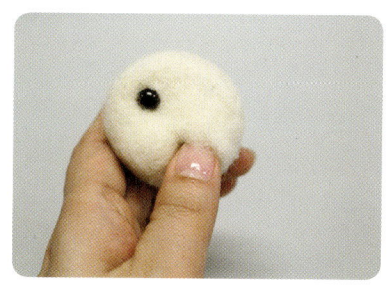 

10 안구를 덮은 베이스 울을 밀어 올리듯이 아래쪽에서 살살 바늘로 찔러 뭉칩니다.

11 눈꺼풀 밑에 엄지를 대고, 손가락의 곡선을 이용하여 눈꺼풀 모양을 잡습니다.

12 엄지를 조심하면서 바늘로 눈꺼풀을 찔러 뭉칩니다.

13 비스듬하게 내려다본 모습. 눈가에 깊이가 생겼어요.

14 위에서 본 눈꺼풀의 높이는 이 정도입니다.

15 베이스 울을 조금 뜯어서 콧날을 세울게요.

16 눈꺼풀이 내려앉지 않도록 주의하면서 조금씩 찔러 뭉칩니다.

17 콧날 세우기의 관건은 몇 번에 걸쳐 콧날을 높이고, 바늘로 찔러 균형을 맞추는 것입니다.

18 옆에서 보면 이 정도 높이입니다.

19 코 위치를 정하고 펜으로 표시합니다.

20 베이스 울을 조금 뜯어서 코 아래쪽 주둥이를 더욱 돋울게요.

21 베이스 울을 코 밑에 찔러 붙입니다.

22 코 밑에 붙인 베이스 울의 좌우 분량이 같아지도록 정돈합니다.

23 아래쪽에서 찌르면 둥근 모양을 잡기가 수월해요. 옆면을 찔러 뭉치면서 주둥이를 작게 줄입니다.

24 아래에서 올려다본 모습. 꽤 봉긋해요.

25 위에서 내려다본 이마, 눈꺼풀, 코, 주둥이의 높이는 이 정도입니다.

26 펜으로 입 모양을 그립니다.

27 컷워크 가위로 5㎜가량 자릅니다.

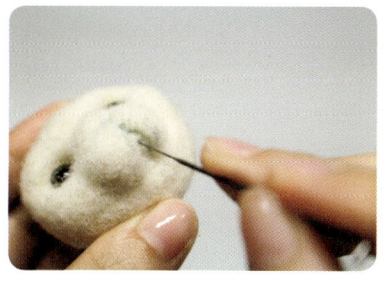
28 자른 부분을 바늘로 찔러 깔끔하게 다듬습니다.

29 주둥이를 밀어 올리듯이 아래쪽에서 찔러 뭉칩니다.

30 비스듬하게 바라본 모습.

31 아래턱 부분에 베이스 울을 찔러 붙이고, 뭉칩니다.

32 눈머리에서 코로 이어지는 콧대를 만듭니다.

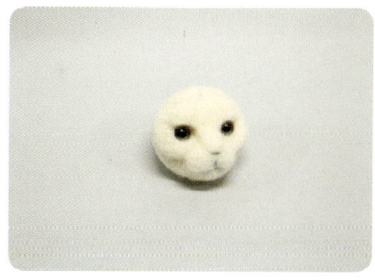
33 입꼬리를 오목하게 다듬으면 얼굴 토대가 완성됩니다.

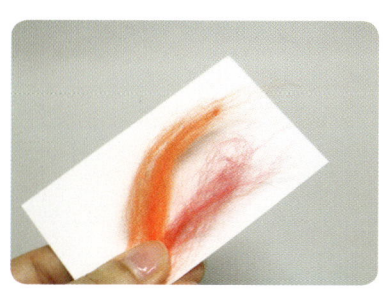
34 오렌지색 양모와 분홍색 양모를 뜯습니다.

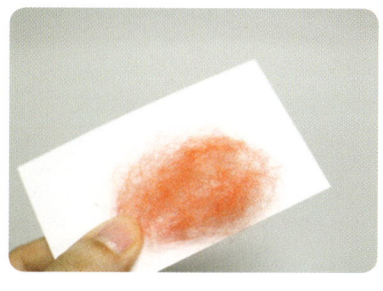
35 두 가지 양모를 슬리커로 섞습니다.

36 35에서 섞은 양모에 흰색 양모를 섞어 연하게 만들고, 그것을 코언저리에 찔러 붙입니다.

37 황갈색 양모를 풀어내서 코에 찔러 붙입니다.

38 35에서 섞은 양모를 코 밑에서 입언 저리까지 찔러 붙여 바탕색을 깝니다.

39 흰색 양모를 풀어내서 바탕색 위에 찔러 붙입니다. 입언저리가 연분홍색이 되도록 얇게 입히세요.

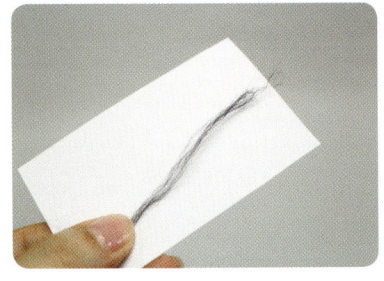

40 검은색 양모를 가늘게 뜯습니다.

41 눈머리부터 양모를 찔러 넣어요.

42 몇 차례로 나눠 조금씩 찌르는 것이 관건입니다.

43 남은 양모를 눈꼬리 부근에서 자르세요.

44 베이스 울을 뜯어서 뒤통수를 돌웁니다. 몇 차례에 걸쳐 조금씩 찔러 뭉치세요.

45 옆에서 보면 이만큼 둥그렇습니다.

≫ 귀 붙이기

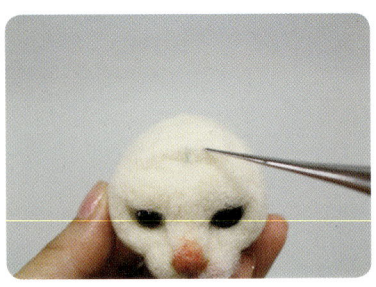

1 정수리의 불필요한 부분을 자를게요.

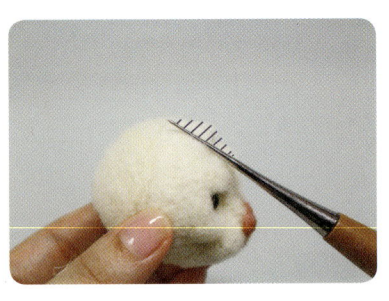

2 표시한 곳의 윗부분을 송곳으로 도려냅니다.

3 2에서 표시한 불필요한 부분을 가위로 자릅니다.

 **4** 황색 양모와 황갈색 양모를 뜯습니다.

 **5** 슬리커로 섞어서 귀 색깔을 만듭니다.

 **6** 스펀지 위에 수건을 깔고, 섞은 양모를 찔러 세모나게 뭉칩니다.

 **7** 삼각형의 두 변이 6cm가 되도록 시침바늘을 세 꼭짓점에 꽂습니다.

 **8** 삼각형을 찔러서 꼭지각이 둔각인 이등변삼각형을 완성합니다.

 **9** 삼각형 정중앙에 미색 양모를 찔러 붙입니다.

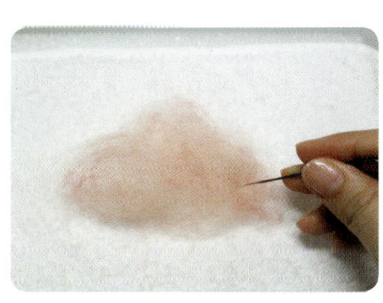 **10** 35(43쪽)에서 섞은 양모에 흰색 양모를 섞어 연하게 만들고, 그것으로 이등변삼각형을 하나 더 만듭니다.

 **11** 삼각형 두 개를 포갭니다.

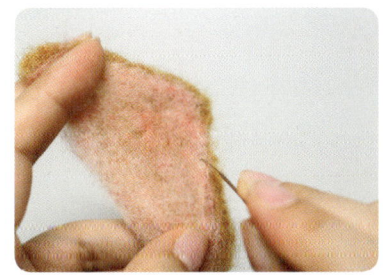 **12** 가장자리부터 차근차근 찔러 붙입니다. 이때 바늘을 비스듬히 눕혀서 작업하면 깔끔하게 마무리됩니다.

 **13** 40쪽에서 사용한 골판지 집게로 삼각형을 잡고 가장자리를 다시 찔러 뭉칩니다.

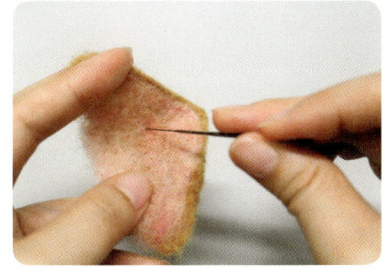 **14** 삼각형의 중심부도 양모가 반대쪽으로 삐져나오지 않도록 가볍게 찔러 뭉칩니다. 이렇게 1장 더 만듭니다.

 **15** 귀 모양을 잡아보세요. 뒷부분은 둥글어야 합니다.

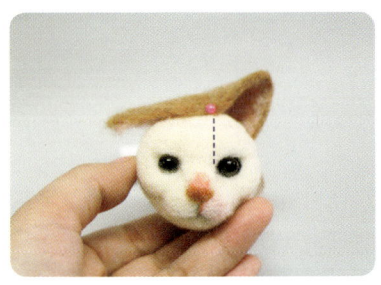

16 왼쪽 귀를 임시로 고정합니다. 눈머리와 이어지는 부분에 시침바늘을 꽂으세요.

17 뒷부분은 시침바늘을 둥그렇게 꽂아 임시로 고정합니다.

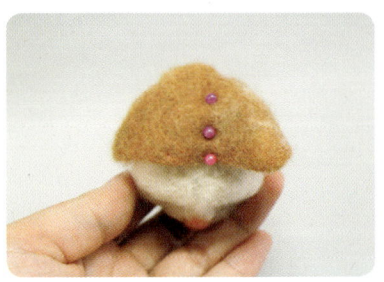

18 위에서 내려다본 모습.

19 시침바늘을 뽑고, 뽑은 자리를 펜으로 표시합니다. 귀 붙일 자리를 잘라내기 위한 작업이에요.

20 양쪽 귀가 포개지는 정수리 부분을 4mm가량 자릅니다.

21 왼쪽 귀를 다시 시침바늘로 고정하세요.

22 펜으로 표시한 곳에서 남는 부분을 자릅니다.

23 시침바늘을 따라 바늘로 찔러서 귀를 고정합니다.

24 오른쪽 귀도 같은 방식으로 찔러 고정합니다.

✻ 머리에 양모 심기

1 슬리커로 풀어낸 흰색 양모를 조금 뜯어서 콧날 근처부터 이마까지 찔러 붙입니다.

2 눈가에도 흰색 양모를 찔러 붙입니다.

3 입가도 마찬가지로 찔러 붙입니다.

4 35(43쪽)에서 섞은 양모를 입 주변에 찔러 붙여서 바탕색을 깝니다.

5 풀어내지 않은 흰색 양모를 아래턱에 심습니다.

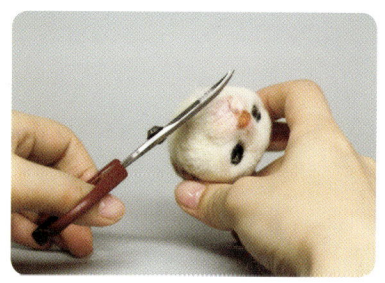

6 턱수염처럼 남은 부분을 자릅니다.

7 황색, 황갈색, 미색, 흰색 양모를 준비합니다.

8 양모를 두 가지씩 섞어서 중간색을 만듭니다.

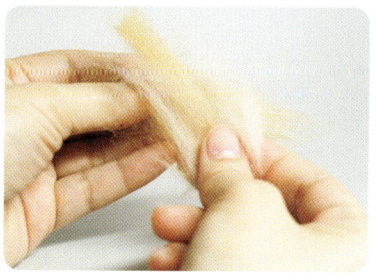

9 흰색, 미색, 미색+황색, 황색, 황색+황갈색, 황갈색의 여섯 가지 색깔이 필요해요.

10 뒤통수의 귀 이음매 부근부터 직선 찌르기로 양모를 심습니다.

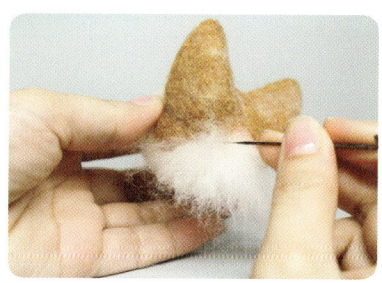

11 2mm 간격으로 심어 나갑니다.

12 옆에서 본 모습. 양모가 거의 귀 밑까지 심겨 있어요.

13 심은 양모가 엉키지 않도록 송곳으로 방향을 정돈하면서 작업합니다.

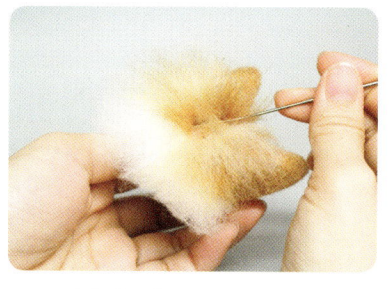

14 직선 찌르기로 줄무늬를 심습니다.

15 뒤통수에 양모 심기를 마친 모습.

16 옆에서 본 모습.

17 털의 방향을 의식하고, 가위로 머리를 쓰다듬듯이 양모를 잘라 다듬습니다.

18 옆에서 본 모습.

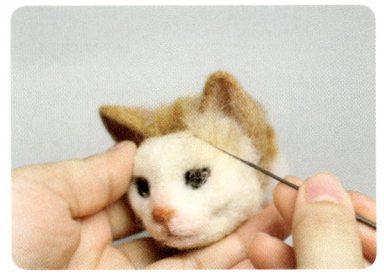
19 귀 바로 앞에서 눈꺼풀까지 접어 직선 찌르기로 양모를 심습니다.

20 털이 쓰러지지 않도록 뿌리 부분을 깊이 찌릅니다.

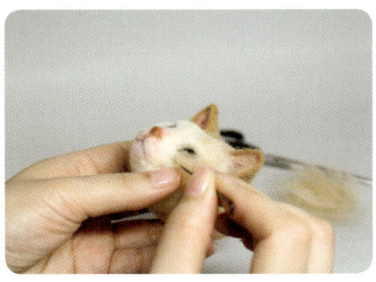
21 눈 밑에도 양모를 심습니다. 봉긋한 볼이 찌부러지지 않도록 주의하세요.

22 눈 밑에 양모 심기를 마친 모습.

23 위에서 내려다본 모습.

24 남는 양모를 자릅니다.

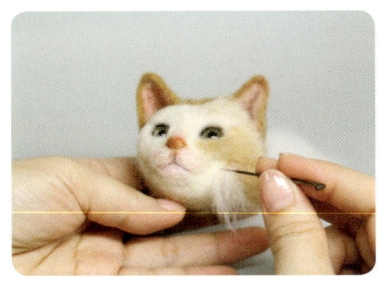
25 흰색 양모를 꼬아 찌르기로 볼 아래에 심습니다.

26 양모 심기를 마친 모습.

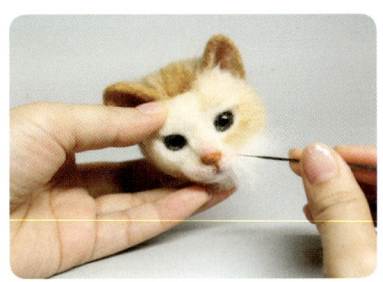
27 주둥이와 턱 밑에도 꼬아 찌르기로 양모를 심습니다. 이때 털의 방향에 주의하세요.

28 양모 심기가 끝난 모습.

29 남는 양모를 자릅니다.

30 대략 이 정도 길이로 잘라주세요.

31 옆에서 본 모습.

32 반대쪽도 같은 요령으로 양모를 심습니다(19~31 참고).

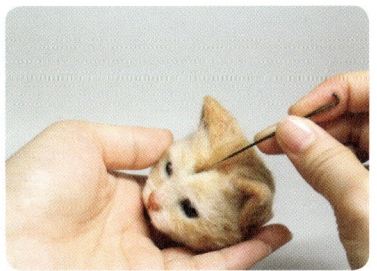
33 위에서 내려다본 모습.

34 정수리에서 이마까지 양모 심기를 마친 모습.

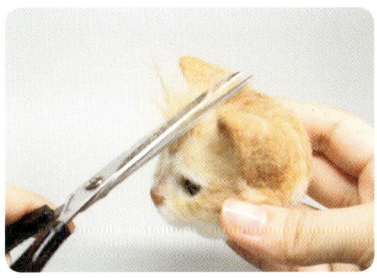
35 이마 모양에 주의하면서 남는 양모를 자릅니다.

36 눈꺼풀 주변의 가느다란 줄무늬는 꼬아 찌르기로 한 줄 한 줄 심습니다.

37 줄무늬를 다 심은 후 가위로 다듬은 모습.

38 흰색 양모를 눈꼬리 옆에서 눈머리까지 꼬아 찌르기로 심습니다.

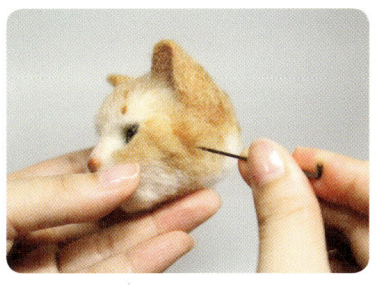
39 볼과 얼굴 옆면의 줄무늬는 먼저 심은 양모 틈새에 직선 찌르기와 꼬아 찌르기로 심습니다.

40 남는 양모를 자릅니다.

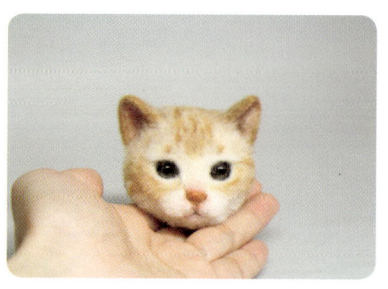

41 반대쪽도 같은 요령으로 양모를 심고 자르면 이렇게 됩니다.

42 갈색 양모를 조금 뜯습니다.

43 눈머리에 찔러 붙여서 음영을 만듭니다.

44 갈색 양모를 조금 뜯어서 손가락으로 꼽니다.

45 코 밑에서 입까지 찔러 붙입니다.

46 마무리한 모습. 입매가 또렷해졌지요.

47 흰색 양모를 조금 뜯습니다.

48 귀 안쪽 이음매 부근에 꼬아 찌르기로 한 번 심습니다. 귓바퀴 바깥으로 삐져나온 양모는 자릅니다.

49 머리 완성.

몸 만들기

※ 기본 뼈대 만들기

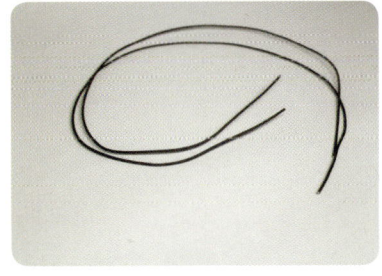

1 약 55cm로 자른 2mm 두께의 알루미늄 철사를 두 가닥 준비합니다.

2 철사 두 가닥을 끝에서 약 16cm 떨어진 지점에서 교차하여 꼽니다.

3 꼰 부분이 약 12cm가 되면 반대편 철사를 16cm만 남기고 자릅니다.

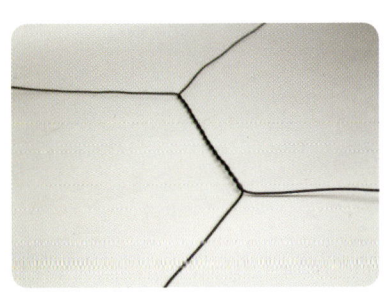

4 앞발과 뒷발의 길이가 16cm, 몸통 길이가 12cm입니다.

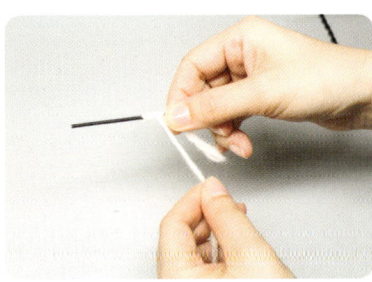

5 철사에 양모가 고정되기 쉽도록 털실을 감습니다.

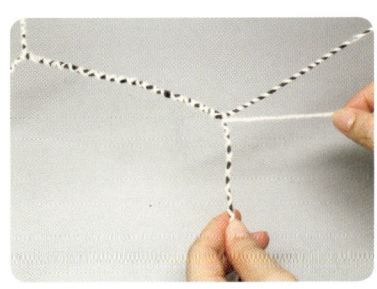

6 반대 방향으로도 감습니다.

7 털실을 고정할 때는 바늘로 밀어 넣으면 편합니다.

8 Y자 부분을 베이스 울로 친친 감을게요.

9 베이스 울을 잡아당기면서 느슨하지 않게 감아야 합니다.

10 쇄골에서 등뼈로 이어지는 부분을 친친 감습니다.

11 베이스 울을 고정할 때는 바늘로 찔러서 붙입니다.

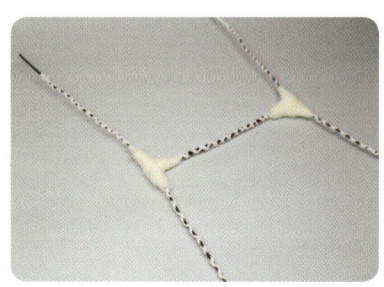

12 양쪽을 모두 감은 모습.

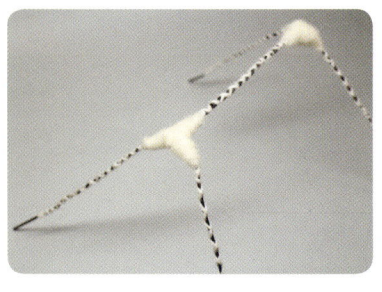

13 Y자 부분을 사진처럼 구부립니다. 네 발로 걷는 자세입니다.

14 앞발을 만들게요.

15 철사를 사진처럼 S자로 구부려서 쇄골과 무릎의 모양을 잡습니다.

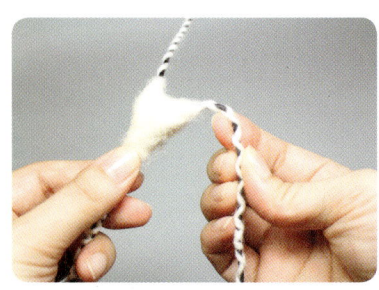

16 뒷발은 엉덩이가 될 부분(골반 아래)을 안쪽으로 구부려 만듭니다.

17 역시 S자로 구부려서 무릎과 발뒤꿈치의 모양을 잡습니다.

18 기본 뼈대 완성. 이것을 바탕으로 다양한 자세를 연출합니다.

19 몸통 부분에 베이스 울을 친친 감습니다.

20 뒷발의 무릎과 발뒤꿈치를 약간 구부리고, 등도 둥글게 구부립니다.

※ 뼈대에 살 붙이기

1 골반 부분에 솜을 감아서 바늘로 찔러 붙이고 다듬습니다.

2 몸통 부분에 솜을 감아서 바늘로 찔러 뭉칩니다.

3 뒤에서 비스듬하게 바라본 모습. 등은 새우등 모양입니다.

4 뒷발 허벅지 부분을 봉긋하게 돋우고, 바늘로 깊이 찔러 모양을 다듬습니다.

5 네 발을 만들게요. 야구공 크기만큼 풀어낸 흰색 양모를 원통 모양으로 말아요.

6 원통 지름이 20mm가 되도록 찔러 뭉칩니다. 굳기는 바닥에 까는 요 정도면 알맞습니다.

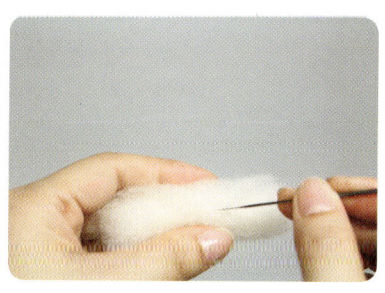

7 약간 타원형이 되도록 손가락으로 누르면서 찔러 뭉칩니다.

8 발끝이 구부러지는 정도의 굳기로 마무리합니다. 표면은 단단하지만 안은 폭신폭신해요.

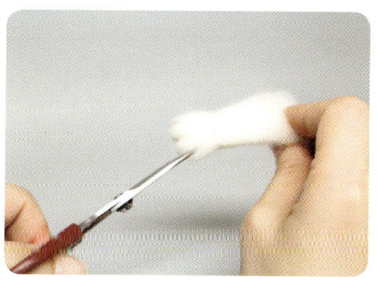

9 컷워크 가위로 발끝을 1mm가량 자릅니다.

10 자른 부분을 찔러서 매끈하게 다듬습니다.

11 발바닥 패드 자리를 찔러 평평하게 정돈합니다.

12 컷워크 가위로 발바닥 패드 자리에 약 1mm 깊이의 홈을 만듭니다.

13 분홍색 양모를 조금 뜯어서 홈에 찔러 붙이고, 발바닥 패드를 만듭니다.

14 만들 위치를 미리 연필로 표시해놓고 만들어도 좋아요.

15 발을 뼈대에 끼우기 쉽도록 송곳으로 구멍을 뚫습니다.

16 접착제를 바른 뼈대에 앞발을 씌우고 바늘로 찔러 연결합니다.

17 앞발 끝을 뼈대와 함께 1cm가량 구부리고, 굽은 부분을 깊이 찔러 깔끔하게 다듬습니다.

18 네 발의 위치를 정했다면 바늘로 뒷발을 찔러 연결합니다.

19 몸통에 감아둔 솜을 조금 잡아당겨서 이음매를 덮어씌웁니다.

20 다시 찔러 뭉칩니다.

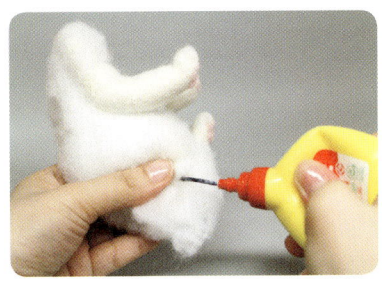
21 반대쪽 앞발과 뒷발도 16과 마찬가지로 씌우기 전에 접착제를 발라 보강하면 좋습니다.

22 몸통과 네 발의 토대 완성.

23 밑에서 본 모습.

24 앞발 이음매에 베이스 울을 찔러 붙입니다.

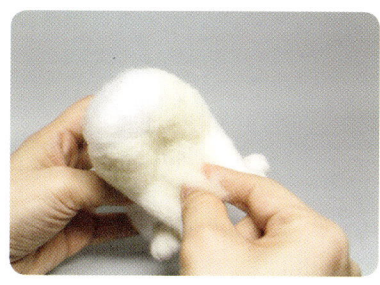
25 가슴에도 베이스 울을 찔러 붙입니다.

26 배의 빈 공간이 채워지도록 찔러 뭉칩니다.

27 베이스 울로, 머리와 목을 연결할게요. 먼저 베이스 울을 목에 찔러 붙이세요.

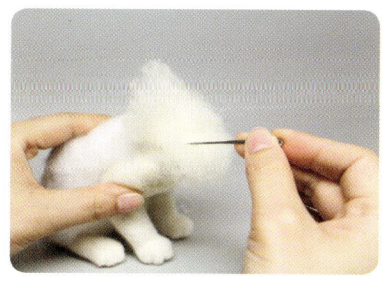
28 목 부분만 찔러 뭉치고, 나머지 부분은 그냥 내버려 두세요.

29 목에 머리를 얹고, 목의 각도를 결정합니다.

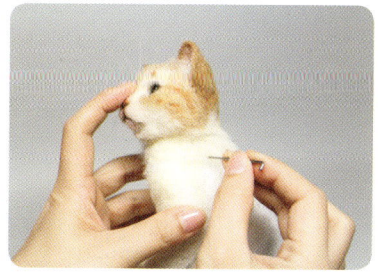
30 28에서 내버려 둔 베이스 울을 찔러 목을 연결합니다. 여러 각도에서 찔러 뭉쳐야 머리가 단단하게 고정됩니다.

31 앞에서 본 모습. 목의 각도를 약간 비스듬하게 기울이면 머리를 갸우뚱하는 것처럼 보입니다.

32 옆에서 본 모습. 아기 고양이 특유의 머리와 몸 비율.

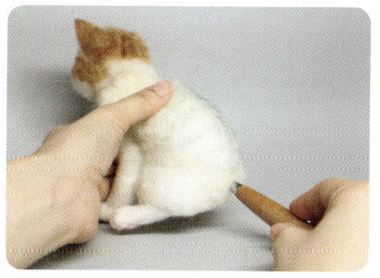
33 꼬리를 붙일 자리에 송곳으로 구멍을 뚫고, 철사를 임시로 끼워둡니다.

※ 몸에 양모 심기

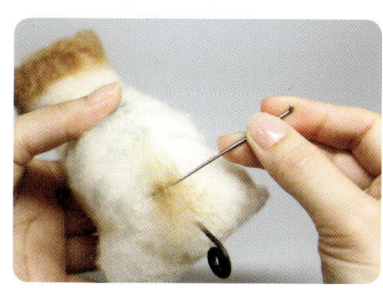
1 줄무늬 밑그림을 연하게 그립니다. 황갈색 양모를 엉덩이에서 등뼈를 따라 올라가며 직선 찌르기로 심을게요.

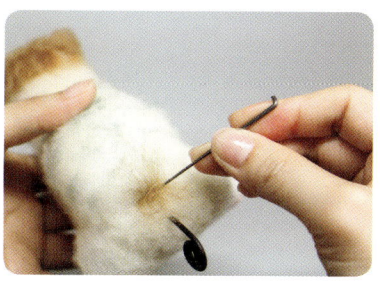
2 3mm 간격으로 양모를 심어 등 털을 표현합니다.

3 등 꼭대기(가장 굽은 곳)까지 직선 찌르기로 심습니다. 옆에서 본 모습.

4 등의 경사가 완만해지는 곳부터 접어 직선 찌르기로 양모를 심습니다.

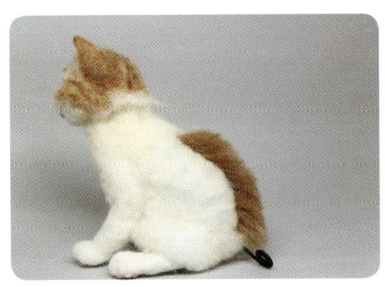

5 접어 직선 찌르기로 양모를 심고 가위로 다듬은 모습. 털의 방향이 약간 바뀌었어요.

6 황색+미색 양모를 얇게 뜯어서 엉덩이부터 차근차근 직선 찌르기로 심을게요.

7 양모가 포개지도록 5에서 심은 양모 사이에 직선 찌르기를 합니다.

8 양모가 포개진 모습.

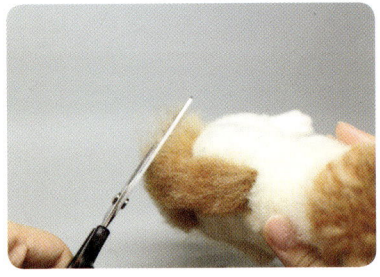

9 남는 양모를 자릅니다.

10 가위로 대강 다듬은 모습.

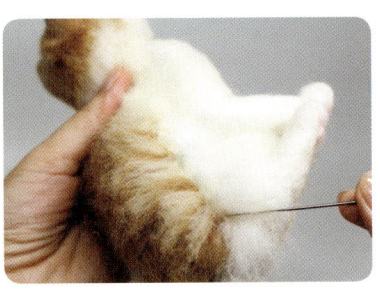

11 흰색 양모를 엉덩이에서 허벅지까지 접어 직선 찌르기로 심습니다.

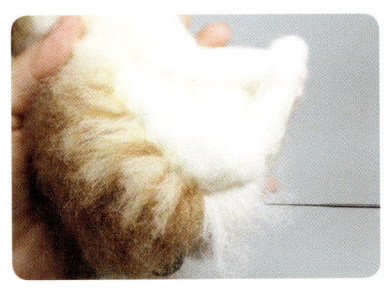

12 심은 양모가 꼬리 이음매로 향하도록 방향을 정돈합니다.

13 양쪽 모두 양모를 심습니다. 뒤에서 본 모습.

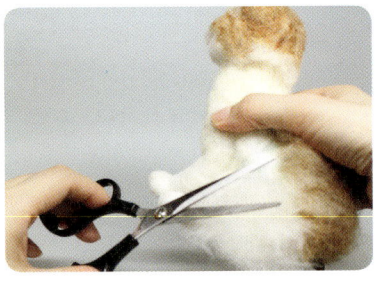

14 남는 양모를 자릅니다.

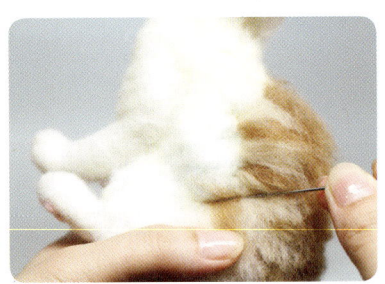

15 줄무늬에 맞춰 색깔을 바꾸어 가며 양모를 심습니다.

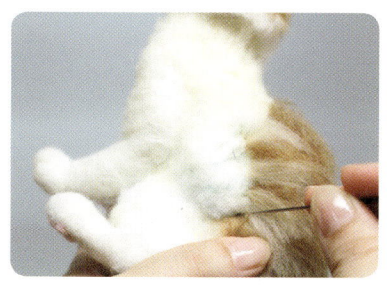
16 3mm 간격으로 접어 직선 찌르기를 계속합니다.

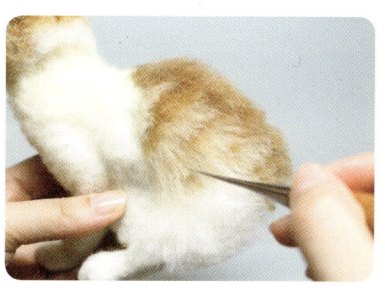
17 먼저 심은 양모가 뒤엉키지 않도록 중간중간 송곳으로 양모를 정돈합니다.

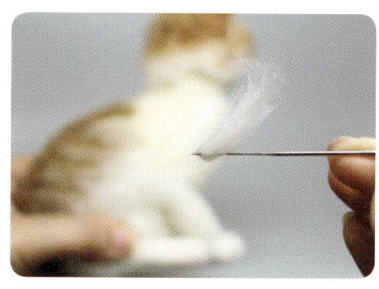
18 꼬아 찌르기로 심는 양모의 분량은 이만큼이에요.(부위별로 분량이 다름)

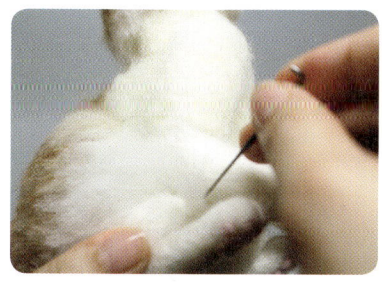
19 꼬아 찌르기로 발 이음매의 빈틈을 메웁니다.

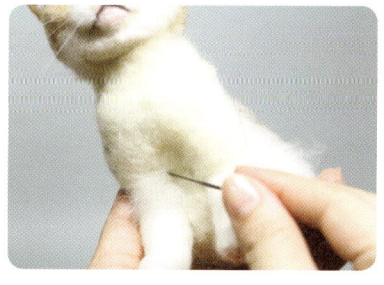
20 겨드랑이 안쪽도 꼬아 찌르기로 메웁니다.

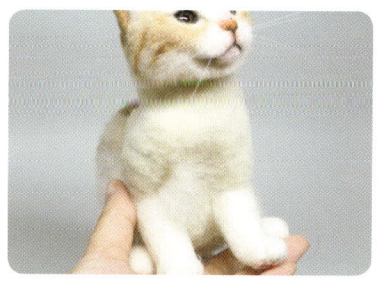
21 접어 직선 찌르기로 앞발 이음매에서 가슴까지 양모를 심습니다.

22 바늘이 뼈대에 닿아 심기가 어렵다면 꼬아 찌르기로 심어도 괜찮습니다.

23 양쪽 모두 양모를 심고 가위로 다듬은 모습.

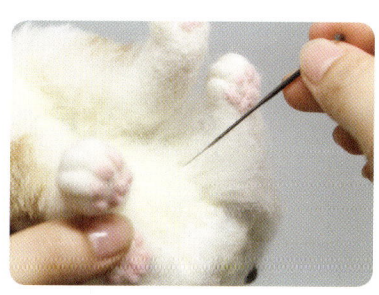
24 허벅지 안쪽도 꼬아 찌르기로 양모를 심습니다.

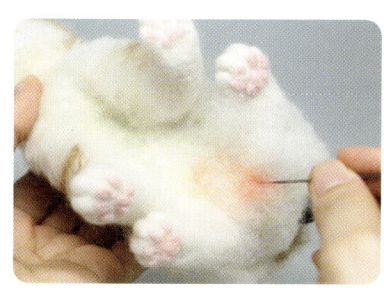
25 35(43쪽)에서 섞은 양모를 배 아래쪽에 찔러 붙여서 바탕색을 깝니다.

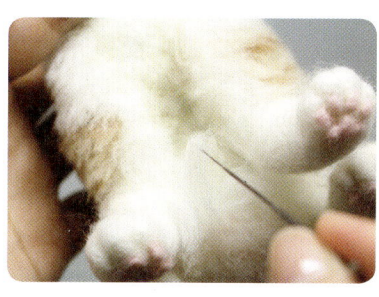
26 배에 흰색 양모를 꼬아 찌르기로 심습니다.

27 잘라서 다듬기가 어려운 곳에 심을 양모는 미리 끝부분을 잘라둡니다.

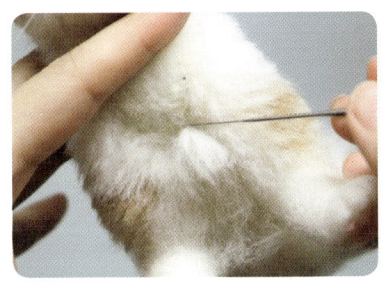

28 가슴에 꼬아 찌르기로 양모를 심으세요.

29 가슴 털을 다듬은 모습.

30 턱에도 꼬아 찌르기로 양모를 심습니다. 입 중앙에서 바깥쪽을 향해 심으세요.

31 얼굴의 균형을 살피면서 아래턱에 심은 양모를 잘라 다듬습니다. 약간 길게 남겨두면 나중에 변형할 수 있어요.

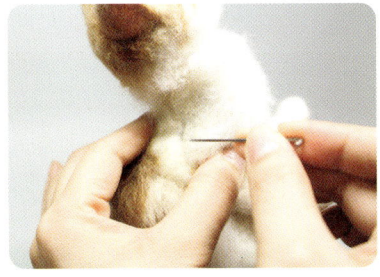

32 등과 목 사이를 직선 찌르기로 메웁니다.

33 양모 심기를 마치고 가위로 털을 다듬습니다. 뒤에서 본 모습.

히나리의 비밀 노하우

니들펠트 고양이에게 생명을 불어넣어요!

2~3년 전부터 고양이를 만들 때 항상 몸통에 심장을 박아 넣고 있습니다. 먼저 모델 고양이의 털과 보호자의 메시지가 담긴 편지를 분홍색 양모로 감싸 뭉칩니다. 하트 모양으로 뭉친 심장을 가슴팍에 찔러 고정한 다음 베이스 울로 덮어 가볍게 살을 붙이고 양모를 심지요. 눈에 보이지 않아서 더욱 로맨틱한 히나리만의 비밀 노하우랍니다.

샴 링스포인트인 '지냥'이라는 아이를 모델로 만들었어요.

하트 속에 든 편지는 연필심보다도 작아요.

꼬리 만들기

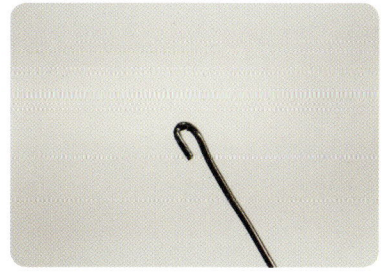

1 알루미늄 철사를 10㎝ 준비하여 펜치로 끝부분을 15㎜가량 U자로 구부립니다.

2 황갈색 양모와 황색 양모를 섞어서 구부린 철사에 걸어요.

3 양모를 반으로 접고, U자 부분을 펜치로 눌러 오므립니다.

4 철사에 털실을 감고, 털실 위에 베이스 양모를 감아 찔러 붙입니다.

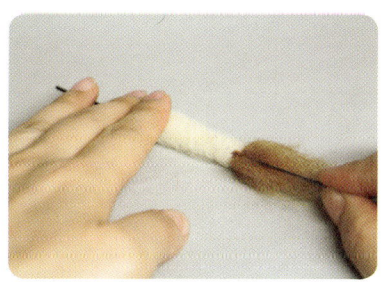

5 바늘이 철사에 닿지 않는 부분을 찾으면서 2에서 섞은 양모를 꼬아 찌르기로 심을게요.

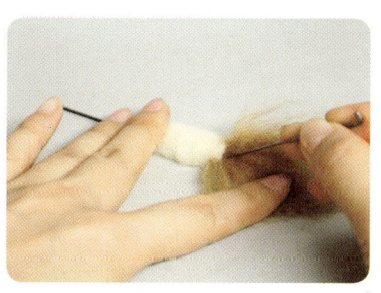

6 양모의 방향이 완만한 부채꼴을 이루도록 심어요.

7 꼬리 겉쪽에 무늬를 넣습니다. 펜으로 미리 밑그림을 그려두면 좋아요.

8 안쪽에도 양모를 심습니다.

9 가위로 다듬기 전에 송곳으로 털의 방향을 정돈합니다.

10 먼저 꼬리 윤곽을 전체적으로 다듬습니다. 이어지는 털의 방향을 의식하면서 꼬리 끝을 향해 자르세요.

11 송곳으로 털을 정돈하고 불필요한 부분은 제거합니다.

12 임시로 꽂아둔 철사를 빼고 꼬리 철사에 접착제를 발라 끼워 넣습니다.

13 송곳으로 털을 정돈하고 엉덩이와 꼬리 사이에 양모를 심어 자연스럽게 연결합니다.

14 송곳으로 안구를 꺼내서 접착제를 바른 뒤 다시 끼웁니다. 솔을 원하는 길이로 자르고, 접착제를 발라 수염 위치에 꽂으면 치즈태비 아기 고양이 완성.

히나리의 에피소드

히나리의 첫 작품

제가 처음으로 니들펠트를 접한 시기는 5년 전입니다. 서점에서 우연히 니들펠트 책을 봤는데, 당시 기르던 시바견을 만들어봐야겠다는 생각이 들었어요. 직접 만들어보니까 따로 도면이 없어서 대담하고 자유로운 스타일이 저와 잘 맞더라고요. 그 이후로 지금까지 니들펠트를 계속하고 있습니다. 현재는 고양이의 매력을 사실적으로 표현하고 싶다는 일념으로 열정을 불태우는 중이랍니다.

스코티시폴드

— 주저앉은 자세 —

스코틀랜드 출신의 온순한 고양이.
아기 고양이처럼 처지고 접힌 귀에 크고 동그란 눈, 약간 찌부러진 코까지 모두 사랑스러워요.
스코티시폴드 특유의 딜퍼덕 주저앉은 자세는 또 어떤가요.
쓸쓸해 보이는 그 뒷모습은 정말이지 못 견디게 귀엽습니다.
무심코 말을 걸고 싶어질 정도라니까요.

여기에서는 '주저앉은 자세'의 제작법을 설명합니다.
양모 심기 길잡이, 뼈대를 만들고 살을 붙이는 방법을 알려드릴게요.
필요한 재료 목록과 양모 심기 길잡이를 참고하여 양모를 콕콕 심어보세요.

◐ 재료

재료의 브랜드명은 아래와 같이 표기했습니다.
페렌데일 가마쿠라……P   하마나카……H

양모
- 흰색 양모(메리노 염색양모 화이트 / P)
- 검은색 양모(메리노 염색양모 검정 / P)
- 갈색 양모(메리노 염색양모 갈색 / P)
- 황색 양모(메리노 염색양모 황색 / P)
- 미색 양모(메리노 염색양모 미색 / P)
- 분홍색 양모(랑비에 염색양모 벚꽃색 / P)

그 외
- 베이스 울(자연색 / H)
- 알루미늄 철사(2㎜ / 대형 할인점)
- 굵은 털실(수공예 용품점)
- 8㎜ 유리 안구(올리브색 / H)
- 수염(솔 / 대형 할인점)
- 솜

◐ 완성작

◐ 만드는 방법

◐ 양모 심기 길잡이

히나리가 독자적으로 고안한 양모 심기 길잡이.
찌르는 방법과 심는 순서를 알려드려요.

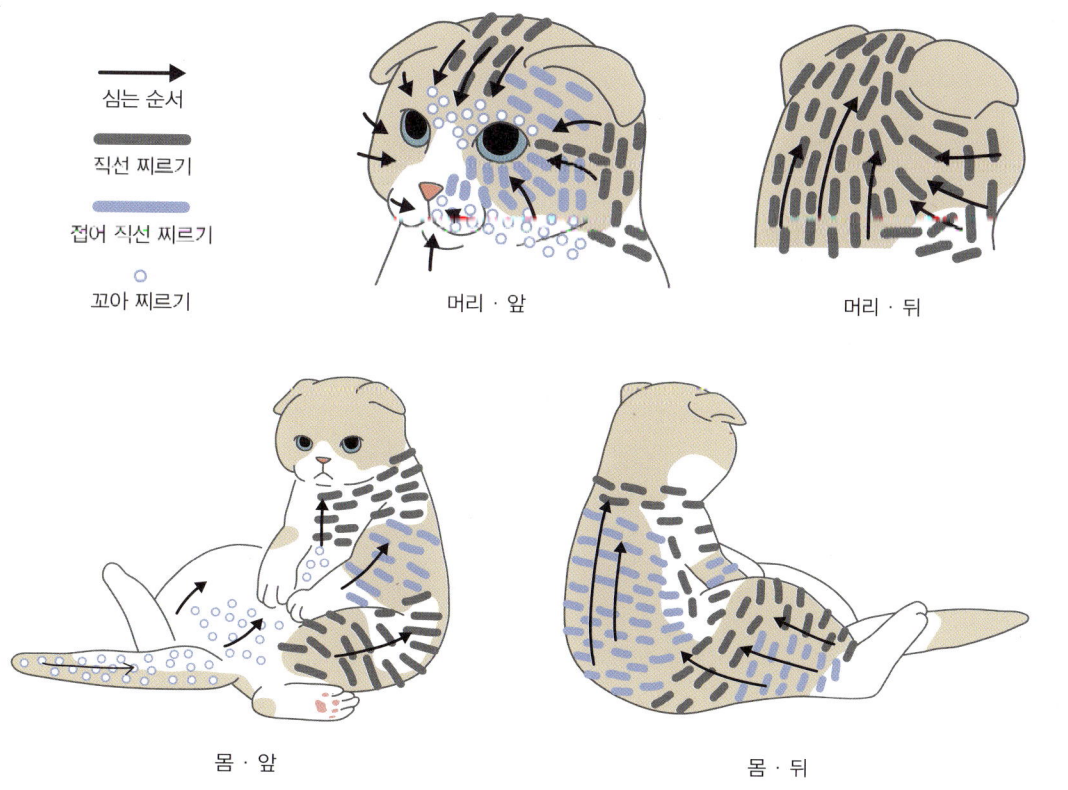

철사로 뼈대 만들기

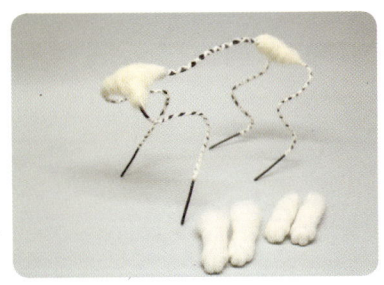

1 51~52쪽을 참고하여 기본 뼈대와 앞발, 뒷발을 각각 준비합니다.

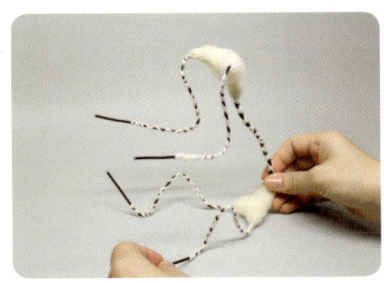

2 골반이 바닥으로 가도록 구부려서 기본 뼈대를 주저앉힙니다.

3 허리 부분을 오른손으로 받치고 뒷다리를 양옆으로 벌려 눕힙니다.

4 허리 부분을 계속 받치면서 앞발을 폅니다.

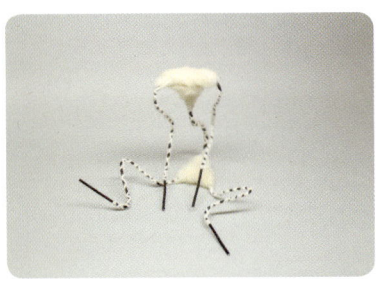

5 앞발이 바닥에 닿을 정도로 펴세요.

6 앞발을 뼈대에 한번 끼워봅니다.

7 몸의 균형을 확인하여 너무 긴 철사는 잘라냅니다.

8 발 부분 철사에 접착제를 발라 네 발을 붙입니다. 사진과 같은 자세가 잡히면 뼈대 완성.

뼈대에 살 붙이기

1 베이스 울을 둥글린 다음 바늘로 찔러 키위만 하게 뭉칩니다.

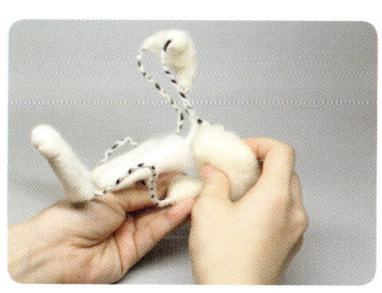

2 뭉친 베이스 울을 골반 앞쪽에 얹으세요.

3 베이스 울을 이불처럼 넓게 뜹습니다.

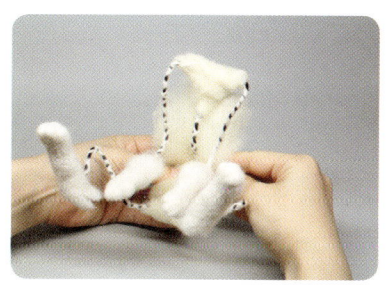

4 넓게 뜬 베이스 울로 등과 엉덩이를 감쌉니다.

5 감싼 부분을 바늘로 찔러 뭉칩니다.

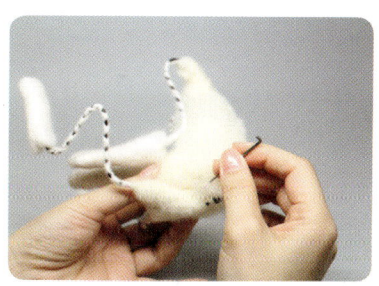

6 다리 이음매와 골반 뼈대에 베이스 울을 찔러 붙입니다. 좌우가 동일하도록 베이스 울을 보태면서 찔러 뭉치세요.

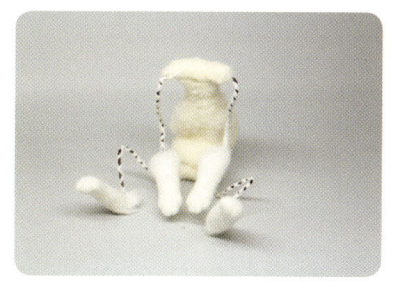

7 몸통 중심부가 완성되었습니다.

8 다리에 살을 붙이기 쉽도록 어깨 쪽 뼈대를 조금 들어 올립니다.

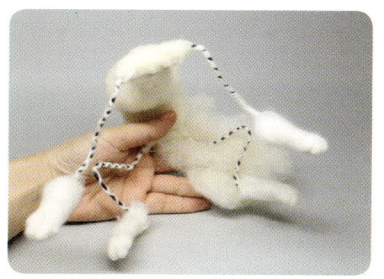

9 베이스 울을 넓게 뜯어서 허벅지 밑에 깝니다.

10 베이스 울로 허벅지를 감쌉니다.

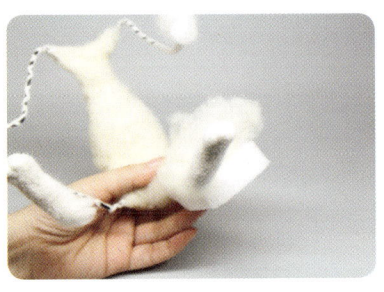

11 무릎 주변을 뭉칠 때는 손바닥만 하게 자른 스펀지로 받치고 찌르면 편리합니다.

12 양다리에 살을 붙인 상태.

13 베이스 울을 넓게 떠서 등과 앞발을 한꺼번에 감쌉니다.

14 앞발 뼈대를 감싼 부분부터 바늘로 찔러 뭉칩니다.

15 이때 앞발과 몸통 사이를 깊이 찔러서 경계선을 만들어두세요.

16 털퍼덕 주저앉은 자세를 연출합니다.

17 옆에서 본 모습. 엉덩이가 볼록해요.

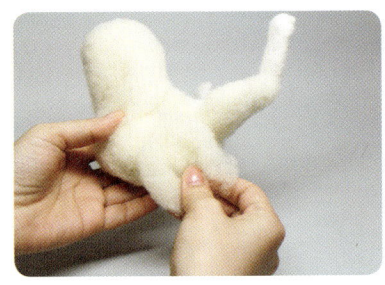

18 다리와 엉덩이 사이를 베이스 울로 메웁니다. 허벅지 이음매에서 뒤쪽으로 둥글게 메우세요.

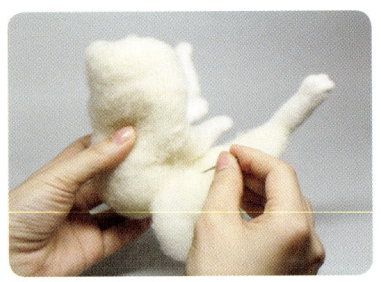

19 찔러 뭉칩니다.

20 완성했을 때 앉힐 수 있도록 엉덩이와 허벅지 아랫부분을 편편하게 만드세요.

21 가슴의 우묵한 곳을 메웁니다.

22 뼈대에 바늘이 닿는 것을 주의하면서 베이스 울을 찔러 뭉칩니다.

23 배의 빈 공간에 베이스 울을 채워주세요.

24 배가 볼록해지도록 허벅지 근처까지 베이스 울을 덧대어 바늘로 찔러 뭉칩니다.

25 아래쪽에서도 찔러 뭉칩니다.

26 견본 사진과 비교하면서 뒷발 무릎 안쪽에 적당히 살을 붙입니다.

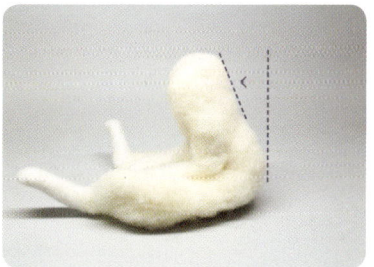

27 옆에서 본 모습. 등이 허리보다 앞으로 나와야 해요.

28 앞발과 등 사이를 깊이 찔러 경계선을 만듭니다.

29 머리를 만들고(63쪽의 만드는 방법과 양모 심기 길잡이 참고), 위치를 결정하여 바늘로 찔러 붙입니다.

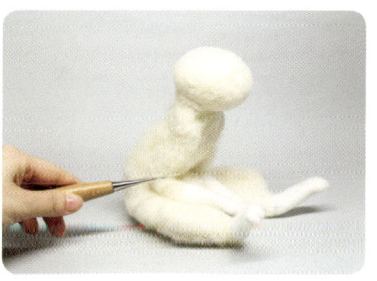

30 앞발 무릎 안쪽에 베이스 울을 보충할게요.

31 베이스 울을 조금 뜯어서 무릎 주변의 살이 덜 붙은 부분에 덧댑니다.

32 바늘로 찔러 뭉칩니다.

33 옆에서 본 모습.

34 앞에서 본 모습. 이 위에 양모를 심을 것이므로 토대는 완성작보다 날씬하게 만들어야 합니다.

35 꼬리를 붙일 위치에 송곳으로 구멍을 뚫습니다.

36 임시로 철사를 꽂을게요. 앉은 자세이니 철사는 직각으로 구부립니다.

37 양모를 심어 완성합니다. (63쪽의 양모 심기 길잡이와 62쪽의 완성작 사진 참고)

> 몸에 양모를 심는 방법과 꼬리 붙이는 방법은 55~60쪽을 참고하세요.

히나리의 노하우

상급자 코스!
목을 움직이게 만들면 더 다양한 포즈를 촬영할 수 있어요!

이번에 등장한 스코티시폴드는 목을 고정하지 않았습니다. 그래서 목을 약간 기울이거나 얼굴만 이쪽을 쳐다보게 만드는 등 여러 가지 자세를 연출할 수 있어요. 다만 이것은 어디까지나 촬영용이니 작품으로서 보관할 때는 목을 접착제로 붙여주세요.

만드는 방법
머리와 몸을 연결하기에 앞서 몸에 양모를 심습니다. 각각 완성한 다음 목에는 철사를 꽂고, 머리에는 송곳으로 구멍을 뚫어 머리와 몸을 합체하세요. 다시 송곳을 사용하여 털 방향을 정돈하면 끝입니다.

멍하니 풍경을 바라보는 스코티시폴드.

문득 고개를 옆으로 돌린 자세가 꼭 살아 있는 고양이 같아요.

삼색이

— 식빵 자세 —

흰색, 오렌지색, 검은색의 멋들어진 색깔 조합이 특징인 삼색 고양이.
삼색이는 자존심이 세고, 기분파인 데다 행동에 기품이 있어 마치 귀부인 같습니다.
그러다가 한 번씩 재롱을 떨어서 요 반전 매력에 홀랑 넘어가는 집사가 수두룩하지요.

여기에서는 고양이의 단골 자세인 '식빵 자세' 제작법을 설명합니다.
양모 심기 길잡이, 뼈대를 만들고 살을 붙이는 방법을 알려드릴게요.
식빵 자세는 비교적 간단한 편이므로 이 자세부터 도전해보셔도 좋답니다.

◐ 재료

재료의 브랜드명은 아래와 같이 표기했습니다.
페렌데일 가마쿠라……P   하마나카……H

양모
- 흰색 양모(메리노 염색양모 화이트 / P)
- 검은색 양모(메리노 염색양모 검정 / P)
- 갈색 양모(메리노 염색양모 갈색 / P)
- 황색 양모(메리노 염색양모 황색 / P)
- 분홍색 양모(랑비에 염색양모 벚꽃색 / P)

그 외
- 베이스 울(자연색 / H)
- 알루미늄 철사(2mm / 대형 할인점)
- 굵은 털실(수공예 용품점)
- 8mm 유리 안구(올리브색 / H)
- 수염(솔 / 대형 할인점)
- 솜

◐ 완성작

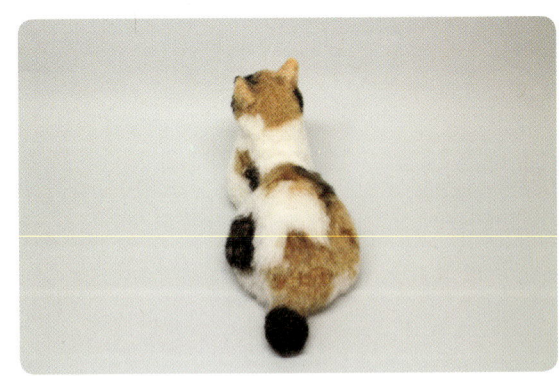

◐ 만드는 방법

◐ 양모 심기 길잡이

히나리가 독자적으로 고안한 양모 심기 길잡이.
찌르는 방법과 심는 순서를 알려드려요.

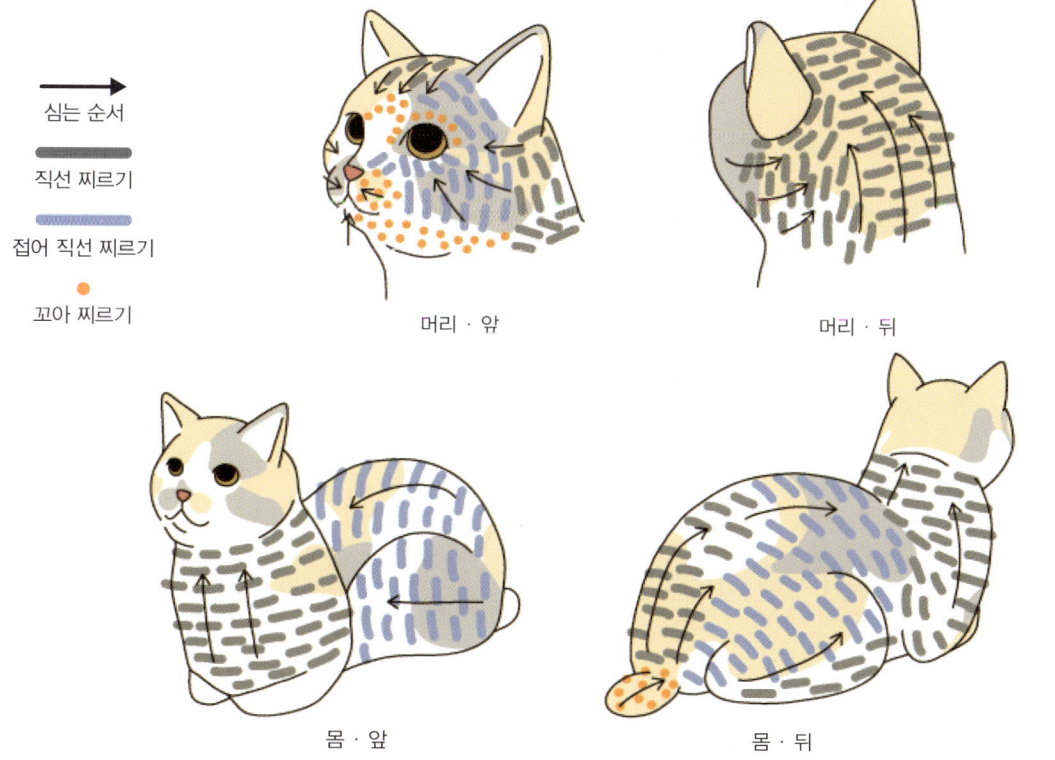

철사로 뼈대 만들기

1 51~52쪽을 참고하여 기본 뼈대, 앞발, 뒷발을 준비합니다.

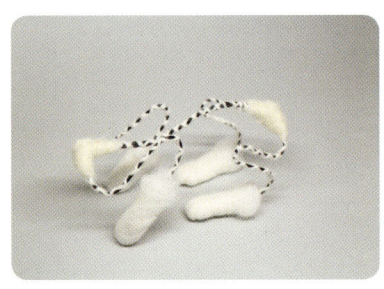

2 앞발과 뒷발을 구부려서 사진과 같은 자세로 만듭니다. 뼈대에 접착제를 발라 네 발을 붙이세요.

3 앞발을 안으로 접어 넣어서 식빵 자세의 특징인 굽힌 앞발을 표현합니다.

몸 만들기

❋ 뼈대에 베이스 울 감기

1 베이스 울을 목 부분부터 차근차근 감습니다.

2 다 감았다면 풀리지 않도록 바늘로 찔러 뭉칩니다.

※ 솜과 양모로 살 붙이기

1 솜을 핸드볼 공 크기만큼 뜯어서 원통 모양으로 둥글립니다.

2 바늘로 찔러 뭉칩니다.

3 이것이 배가 됩니다. 굳기는 방석 정도면 알맞습니다.

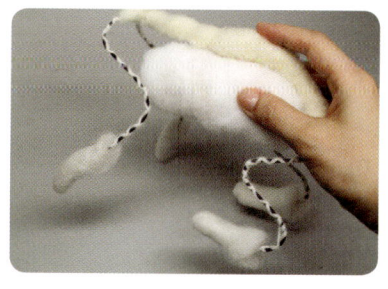

4 뭉친 솜을 뼈대의 등뼈 아래쪽에 대고 겹쳐 잡습니다.

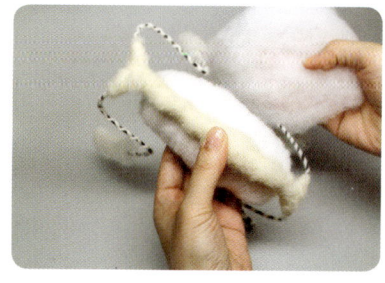

5 넓게 뜯어낸 솜을 등뼈 위쪽에서 덮어 씌웁니다.

6 배에서 등까지 전체적으로 솜을 감습니다.

7 어긋나지 않도록 찔러 뭉칩니다.

8 앞발을 안으로 접어 넣습니다. 앞에서 본 모습.

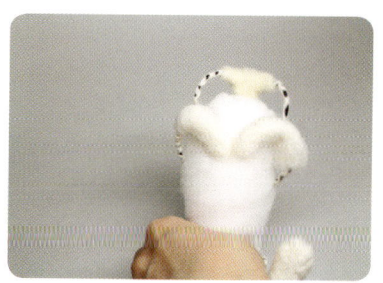

9 밑에서 올려다본 모습. 앞발이 몸통에 딱 붙어 있는지 확인하세요.

10 뒷발 위치를 사진처럼 조절합니다.

11 위에서 내려다본 모습.

12 앞발부터 뼈대를 따라 베이스 울을 덧대고, 찔러 뭉칠게요.

13 뼈대가 감춰지도록 베이스 울을 덧붙이세요.

14 앞발 무릎과 어깨 사이가 메워지도록 살을 붙입니다.

15 베이스 울로 어깨에서 허리까지 살을 붙입니다.

16 베이스 울을 뜯어 허벅지 주변에 살을 붙입니다.

17 뒷발 뼈대가 감춰지도록 베이스 울을 찔러 뭉칩니다.

18 이런 느낌으로요. 베이스 울을 충분하게 사용하세요.

19 베이스 울을 등에 얹어 봉긋하게 돋을게요.

20 등이 목보다 높아지도록 돋우면서 찔러 뭉칩니다.

21 뒤집어서 겨드랑이 사이를 베이스 울로 메웁니다.

22 목의 빈 부분에 베이스 울을 채우고 찔러 뭉칩니다.

23 머리를 만들어(40~50쪽 참고) 목에 얹고, 임시로 고정합니다. 머리와 목 사이가 메워지도록 찔러 뭉칩니다.

24 여기에 양모를 심고, 꼬리까지 붙이면 완성.

몸에 양모를 심는 방법과 꼬리 붙이는 방법은 55~60쪽을 참고하세요.

샴 링스포인트
앉은 자세

고등어태비
드러누운 자세

아시아 태생의 샴 링스포인트.
총명함이 감도는 푸른 눈동자가 집사의 심장을 꿰뚫어버릴 만큼 아름답습니다.
실컷 놀기를 좋아하는 성격이니 우리 아이로 삼는다면 잔뜩 놀아주세요.

여기에서는 샴 링스포인트의 제작법을 그림으로 설명합니다.
니들펠트 고양이 만들기에 어느 정도 익숙해졌다면 40~60쪽의 만드는 방법을 참고하여 도전해보세요.

◐ 재료

재료의 브랜드명은 아래와 같이 표기했습니다.
페렌데일 가마쿠라……P   하마나카……H

양모
- 흰색 양모(메리노 염색양모 화이트 / P)
- 검은색 양모(메리노 염색양모 검정 / P)
- 다갈색 양모(메리노 염색양모 다갈색 / P)
- 회색 양모(내추럴 양모 그레이메리노 / P)
- 갈색 양모(메리노 염색양모 갈색 / P)
- 미색 양모(메리노 염색양모 미색 / P)
- 분홍색 양모(랑비에 염색양모 벚꽃색 / P)

그 외
- 베이스 울(자연색 / H)
- 알루미늄 철사(2mm / 대형 할인점)
- 굵은 털실(수공예 용품점)
- 10mm 유리 안구(블루 / H)
- 수염(솔 / 대형 할인점)
- 솜

◐ 완성작

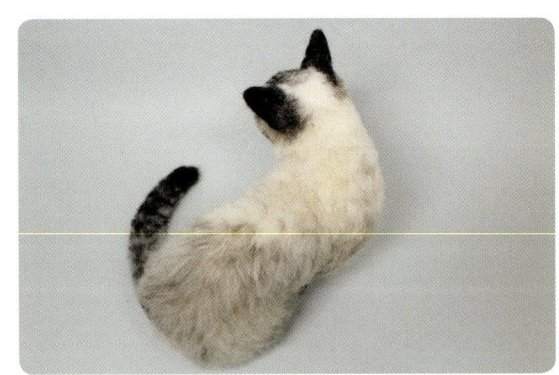

◐ 만드는 방법

머리 토대 만들기 → 머리에 양모 심기 → 뼈대 만들기

몸에 양모를 심어 완성

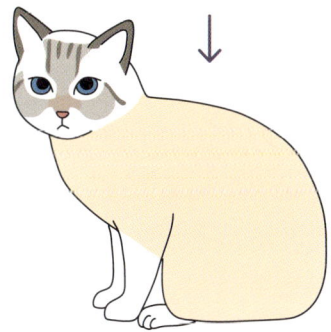

살을 붙이고, 머리와 합체

◐ 양모 심기 길잡이

히나리가 독자적으로 고안한 양모 심기 길잡이.
찌르는 방법과 심는 순서를 알려드려요.

→ 심는 순서
━ 직선 찌르기
━ 집어 직선 찌르기
○ 꼬아 찌르기

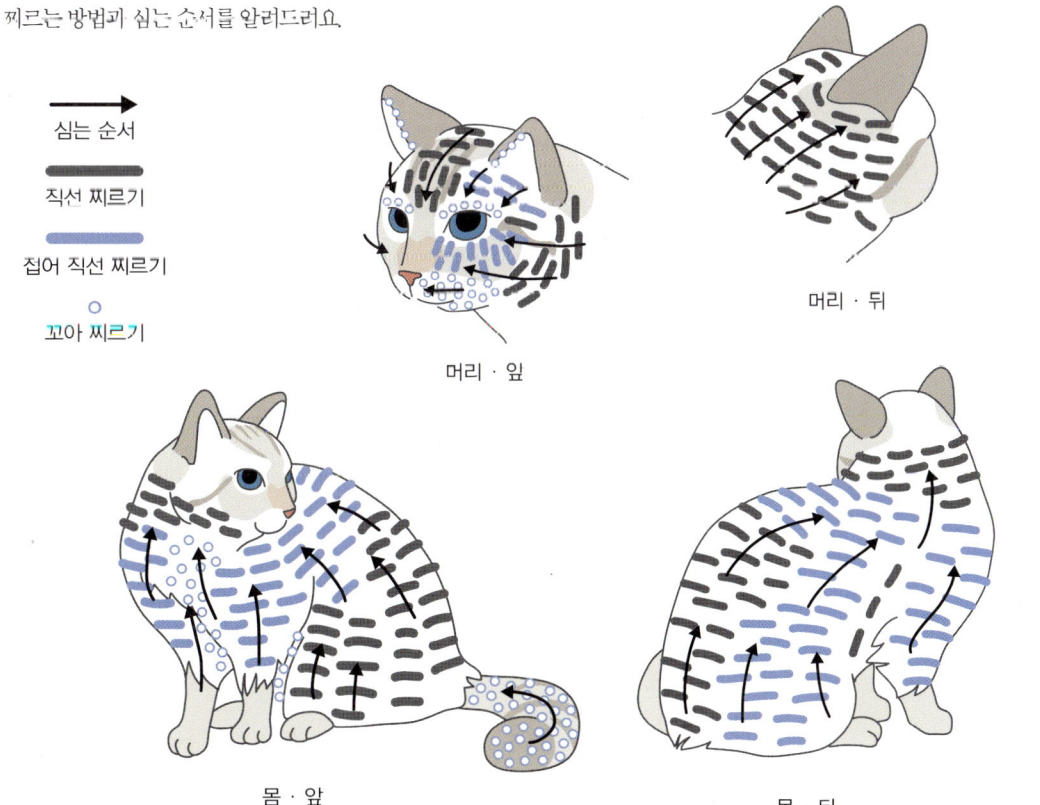

머리 · 앞   머리 · 뒤

몸 · 앞   몸 · 뒤

77

고양이 중에서도 무척 인기가 많은 고등어태비.
처음에는 강한 경계심을 보이지만 차츰 마음을 열고 호의를 표현하지요.
오직 집사에게만 어리광을 부리는 모습이 사랑스러워요.

여기에서는 고등어태비의 제작법을 그림으로 설명합니다.
니들펠트 고양이 만들기에 어느 정도 익숙해졌다면 40~60쪽의 만드는 방법을 참고하여 도전해보세요.

● 재료

재료의 브랜드명은 아래와 같이 표기했습니다.
페렌데일 가마쿠라……P   하마나카……H

양모
- 흰색 양모(메리노 염색양모 화이트 / P)
- 검은색 양모(메리노 염색양모 검정 / P)
- 회색 양모(내추럴 양모 그레이메리노 / P)
- 분홍색 양모(랑비에 염색양모 벚꽃색 / P)

그 외
- 베이스 울(자연색 / H)
- 알루미늄 철사(2㎜ / 대형 할인점)
- 굵은 털실(수공예 용품점)
- 10㎜ 유리 안구(라이트블루 / H)
- 수염(솔 / 대형 할인점)
- 솜

● 완성작

얼굴만 만들기 & 액자로 꾸미기

사실적인 털 표현이 특기인 하나리의 니들펠트 고양이는
얼굴만, 꼬리만, 발만 만들어도 고양이의 사랑스러움을 표현할 수 있답니다.
고양이 몸을 액자에 넣는다든가 수건 사이로 앞발을 슬쩍 내민다든가……
마치 우리 아이가 장난치느라 숨어있는 모습처럼 보여서 자연스레 미소가 번집니다.

양모를 심는 부분이 적기 때문에 이제 막 니들펠트를 시작하는 사람이라면
얼굴만 있는 액자 고양이에 도전하는 것을 추천합니다.

브라운태비

젖소

치즈태비

치즈태비

페르시안

이번에 만들 고양이는 이마에 여덟 팔 자 무늬가 있는 턱시도예요.
창가에서 얼굴과 앞발을 빼꼼 내민 턱시도 고양이.
반짝반짝 빛나는 샛노란 눈동자가 어딘지 신비롭고 요염해서 독특한 분위기를 풍깁니다.
주둥이에 돋은 수염 모양이 매력 포인트라지요.
얼굴과 앞발만 제작하기 때문에 양모를 심는 부분이 적어 초심자가 도전하기에 안성맞춤입니다.
무늬를 변형해서 오리지널 액자 고양이를 만들어보세요.

◐ 재료

재료의 브랜드명은 아래와 같이 표기했습니다.
페렌데일 가마쿠라……P   하마나카……H

양모
- 흰색 양모(메리노 염색양모 화이트 / P)
- 검은색 양모(메리노 염색양모 검정 / P)
- 분홍색 양모(랑비에 염색양모 벚꽃색 / P)

그 외
- 베이스 울(자연색 / H)
- 8㎜ 유리 안구(옐로 / 미스케폰)
- 수염(솔 / 대형 할인점)
- 나무 액자
- 인조 식물

◐ 완성작

머리 만들기

※ 얼굴 만들기

1 지름이 5cm인 토대에 유리 안구를 붙입니다.

2 베이스 울을 조금 뜯어서 주둥이를 돋웁니다.

3 주둥이 주변을 구석구석 찔러 뭉치세요.

4 광대뼈를 돋웁니다.

5 눈꼬리 부근까지 찔러 붙입니다.

6 앞에서 본 모습.

7 반대쪽도 찔러 뭉칩니다. 위에서 내려다본 모습.

8 토대의 상하좌우에 시침바늘을 꽂으면 얼굴 균형을 확인하는 데 도움이 됩니다.

9 베이스 울을 조금 뜯어서 안구가 덮이도록 이마, 눈꺼풀, 콧날에 걸쳐 덧댑니다.

10 유리 안구를 피해 찔러 붙입니다. 눈꺼풀은 좀 높다 싶게 돋우세요.

11 눈꺼풀 밑에 엄지를 대고, 손가락의 곡선을 이용하여 눈꺼풀 모양을 잡습니다.

12 눈꺼풀을 밑에서 밀어 올리듯이 찔러 뭉칩니다. 눈언저리까지 확실하게 돋우세요.

13 왼쪽 눈꺼풀을 완성한 모습. 오른쪽도 같은 방법으로 찔러 뭉칩니다.

14 옆에서 본 모습.

15 콧날 주변에서 주둥이까지 베이스 울을 덧댑니다.

16 얼굴 앞면에서 코끝까지의 높이는 약 2㎝입니다.

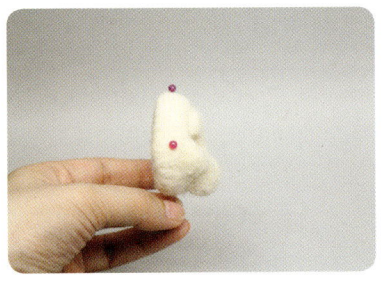

17 옆에서 보면 조금 커 보여요.

18 주둥이에 입 모양을 그린 뒤 5㎜가량 가위로 자릅니다.

19 자른 부분을 따라 입이 움푹 들어가도록 찌릅니다.

20 콧날에 베이스 울을 찔러 붙입니다.

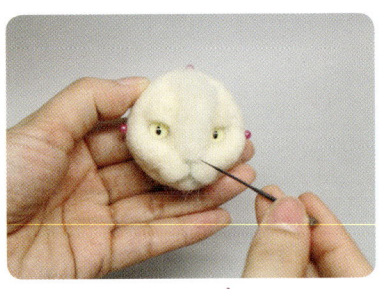

21 코끝에서 이마까지 차근차근 찔러 뭉치면서 콧날을 만듭니다.

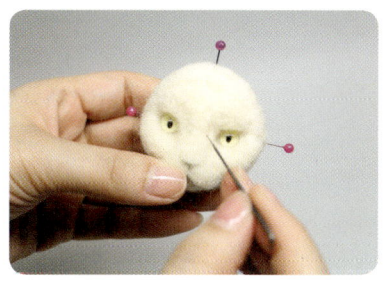
22 눈머리를 바늘로 찔러 움푹하게 만듭니다.

23 정수리의 불필요한 부분을 비스듬하게 자릅니다.(44쪽 참고)

24 다시 불필요한 부분을 자릅니다.

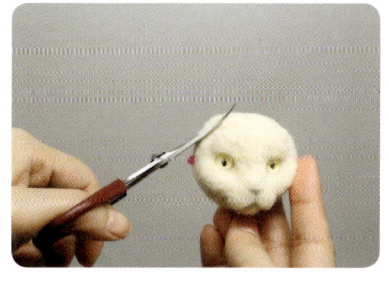
25 머리통의 각진 부분도 잘라 다듬으세요.

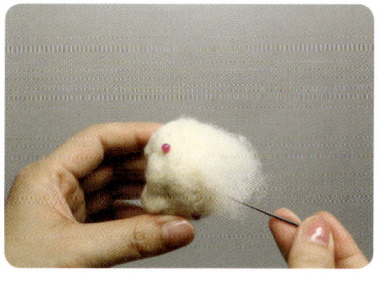
26 뒤통수에 베이스 울을 찔러 붙입니다.

27 옆에서 본 모습. 액자에 끼워야 하니 이 정도 너비가 되도록 누릅니다.

※ 귀 붙이기

1 45쪽을 참고하여 두 변이 6cm인 이등변삼각형을 만듭니다. 검은색과 분홍색 양모를 사용하세요.

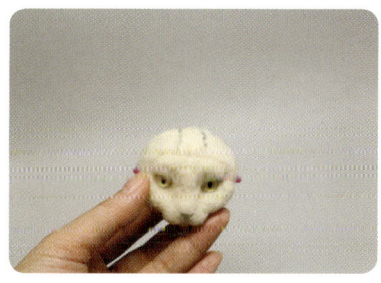
2 정수리에 선을 표시합니다. 귀 붙일 자리를 잘라내기 위한 작업입니다.

3 4mm가량 도려냅니다.

4 이등변삼각형의 꼭짓점이 귀의 꼭대기 부분이 되도록 시침바늘을 꽂아 임시로 고정합니다.

5 액자용이니 귀 위치는 약간 앞으로 당길게요.

6 반대쪽도 동일한 각도와 위치에서 시침바늘로 고정합니다.

7 입꼬리와 눈꼬리를 이은 연장선상에 귓바퀴가 오도록 모양을 잡습니다.

8 시침바늘을 꽂아 임시로 고정합니다.

9 귀 옆면에 베이스 울을 덧대고, 찔러 뭉쳐서 귀를 고정합니다.

10 옆얼굴이 볼록해지도록 베이스 울을 찔러 붙입니다.

11 귀 뒤쪽의 둥근 부분은 접어 넣듯이 찌릅니다.

12 뒤통수에 베이스 울을 덧대고 찔러 뭉칩니다.

❈ 무늬 넣기

1 이마에 여덟 팔 자 무늬를 넣을게요. 검은색 양모를 풀어내어 귀 이음매에서 눈꺼풀 위까지 찔러 붙입니다.

2 왼쪽 이마에 무늬가 생겼습니다.

3 광대뼈까지 검은색을 입힙니다.

4 너무 세게 찌르면 토대가 가라앉으니 주의가 필요합니다.

5 엄지손톱의 곡선을 이용하여 눈꺼풀 모양을 잡습니다.

6 한쪽 완성.

7 반대쪽도 같은 방법으로 무늬를 넣습니다.

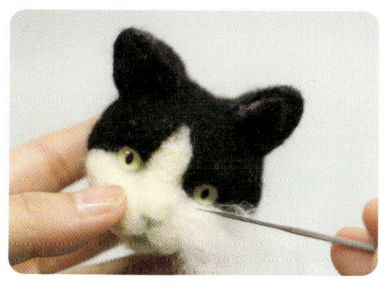

8 흰색 양모를 풀어내어 눈 밑에 찔러 붙입니다.

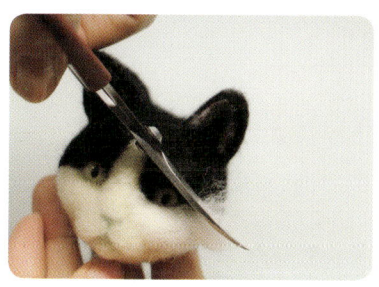

9 남는 양모를 자른 뒤 검은 무늬와 자연스럽게 연결합니다.

10 볼 아래 우묵한 부분에도 흰색 양모를 찔러 붙입니다.

11 남는 양모를 자릅니다.

12 턱에도 흰색 양모를 찔러 붙입니다.

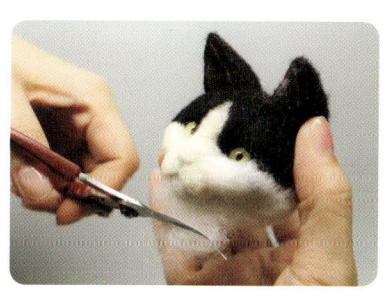

13 남는 양모를 자릅니다. 반대쪽 볼도 같은 방법으로 작업합니다.

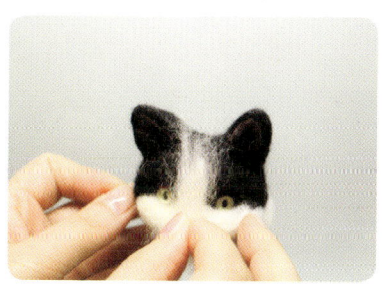

14 콧날에도 흰색 양모를 덧댑니다.

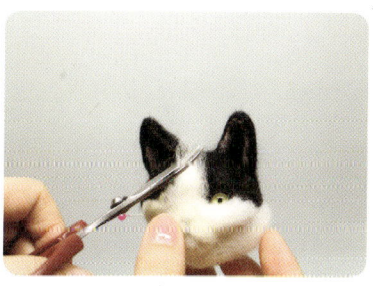

15 코끝에서 이마까지 양모를 찔러 붙이고, 남는 부분은 자릅니다.

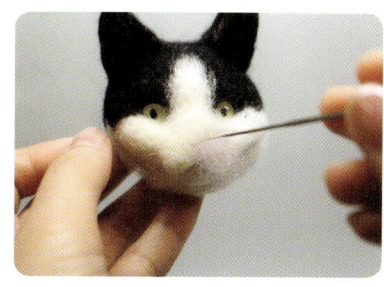

16 코에 분홍색 양모를 찔러 붙입니다.

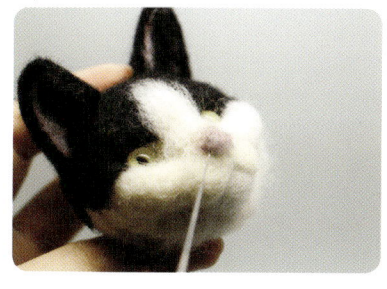

17 코 양옆에 입체감이 생기도록 찔러 뭉칩니다.

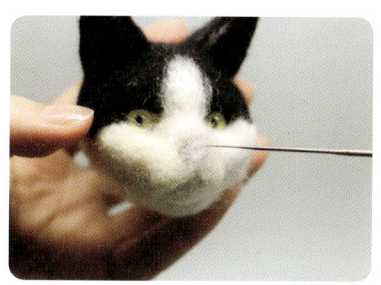

18 코 위에 흰색 양모를 얇게 씌웁니다.

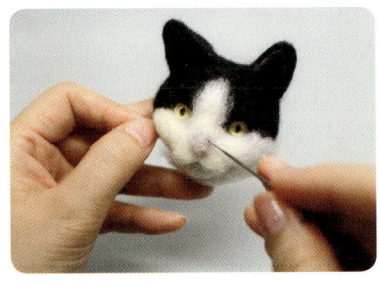

19 코가 두드러지도록 코 주변을 찔러 우묵하게 만듭니다.

20 주둥이에 양모를 심습니다. 입꼬리부터 꼬아 찌르기를 반복하세요. 단단한 것에 얼굴을 얹어서 잡고 작업하면 안정적이라 양모를 심기 쉽습니다.

21 왼쪽에 양모를 심은 모습.

22 얼굴 바깥으로 삐져나온 양모는 얼굴선을 따라 자릅니다.

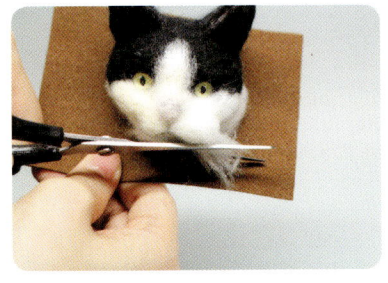

23 여러 각도로 다듬어서 주둥이 모양을 잡습니다.

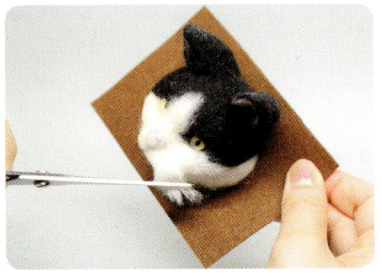

24 위에서 본 자르는 모습.

25 양쪽 모두 양모를 심고 가위로 다듬은 모습.

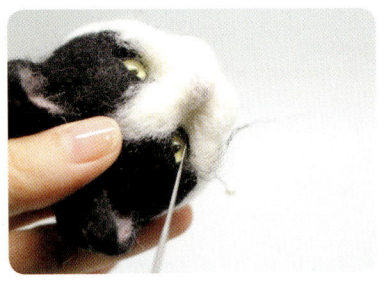

26 검은색 양모를 한 가닥 뜯어 안구 아래쪽에 찔러 붙이고, 남는 양모는 자릅니다.

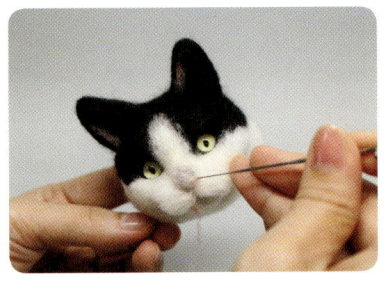

27 분홍색 양모를 한 가닥 뜯어 코 양옆에 선을 두릅니다.

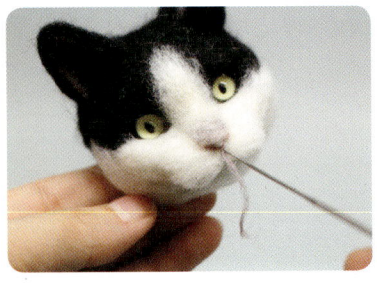

28 이어서 코 밑과 입에도 분홍색 양모를 찔러 붙입니다.

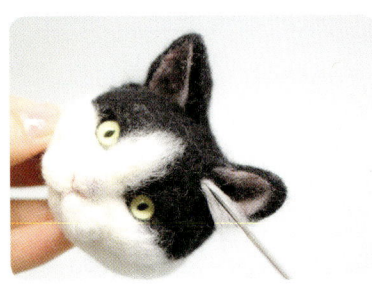

29 흰색 양모를 귀 안쪽 이음매에 꼬아 찌르기로 심습니다.

30 양쪽 모두 양모를 심고 남는 부분은 자릅니다.

31 밑에서 올려다본 모습.

32 흰색 양모를 풀어내어 뒤통수 아랫부분에 넉넉하게 찔러 붙입니다.

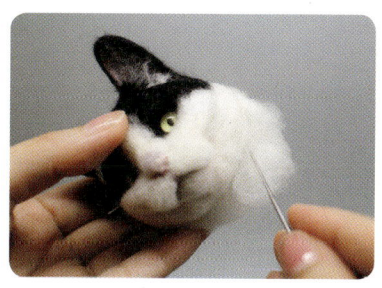

33 앞쪽에서도 찔러 붙입니다.

34 32의 양모를 앞으로 접으면서 턱 밑에 찔러 넣습니다.

35 옆에서 본 모습. 액자용 반 입체.

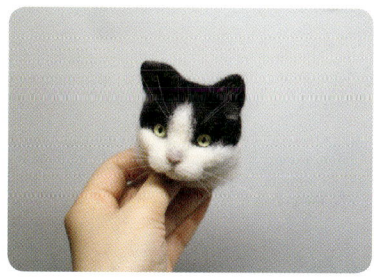

36 수염에 접착제를 소량 바르고 주둥이에 꽂아 붙입니다.

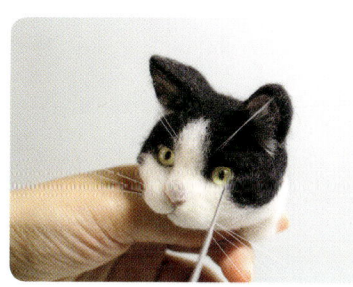

37 눈머리에 흰색 양모를 약간 덧붙이면 더욱 턱시도다운 모습이 됩니다.

38 옆에서 본 모습.

39 밑에서 올려다본 모습.

◦ 히나리의 노하우 ◦

완성한 작품을 보관하는 방법

양모는 습기와 해충의 영향을 받기 쉬우므로 건조제와 방충제를 한 케이스에 넣어 보관합니다. 히나리는 소형 방충제를 사용해요. 은은하게 풍기는 달콤한 향도 마음에 쏙 듭니다. 케이스는 대형 할인매장에서 발견한 틀과 플라스틱판으로 만들었어요.

액자에 넣기

1 나무 액자와 인조 식물을 준비합니다.

2 액자 뒤판을 빼고, 완성한 머리의 목 부분을 글루 건*으로 액자 구석에 붙입니다.

3 인조 식물을 액자에 대어 균형을 확인하고, 불필요한 잎사귀는 제거합니다.

4 글루 건을 사용하여 액자 안쪽에서 가장자리로 나오며 인조 식물을 붙입니다. 원한다면 새 모형을 추가로 장식해도 좋아요.

● 플라스틱 심을 녹여서 물건을 접착하는 도구

◦ 히나리의 노하우 ◦

적당한 액자를 오리지널 니들펠트 고양이 액자로 ♪

액자 고르는 방법

니들펠트 고양이는 꽤 입체적입니다. 되도록 깊이가 있는 액자를 고르세요. 고양이가 액자에서 조금 튀어나오는 정도가 귀엽답니다.

인조 식물 고르는 방법

인조 식물은 담쟁이덩굴 계통을 고르면 요령 없이도 간단하게 붙일 수 있어요. 취향에 따라 군데군데 꽃을 장식해도 근사합니다.

◐ 변형하기

완성한 액자 고양이가 어쩐지 부족하게 느껴진다면 변형해봅시다.
여기에서는 무늬와 앞발을 추가하는 방법을 소개합니다.

1 검은색 양모를 풀어내어 코 주변에 조금씩 찔러 붙입니다. 찌를 때는 수염에 주의하세요.

2 큼지막한 검은 반점을 찔러 붙이면 애교스러운 표정이 됩니다.

3 남는 양모는 자릅니다.

4 자르고 나서 일룰에 날아붙은 양모는 접착력이 약한 마스킹테이프로 제거합니다. 이때 본체가 손상되지 않도록 조심하세요.

5 벽을 약간 들어올리고 53~54쪽을 참고하여 만든 앞발을 끼웁니다.

6 시침바늘을 꽂아 임시로 고정합니다.

7 뒤쪽에서 양모를 뒤집어씌웁니다.

8 바늘로 찔러 뭉칩니다.

9 튀어나온 앞발을 글루 건으로 액자에 붙입니다. 앞발이 약간 튀어나오도록 붙이면 생동감 넘치는 액자 고양이가 완성됩니다.

UCHI NO KO NI SHITAI! YOMO FELT NEKO NO TSUKURIKATA
ⓒ Hinali 2016
First published in Japan in 2016 by KADOKAWA CORPORATION, Tokyo.
Korean translation rights arranged with KADOKAWA CORPORATION, Tokyo through Shinwon Agency Co., Seoul.

Photo: Sachie Abico Illustration: KUBORIm
Design: MARTY inc. DTP: Office SASAI
Edit.: Naomi Hoyama(KADOKAWA), Nanako Shinomiya&Yuuka Maekawa(DECO)

이 책의 한국어판 저작권은 신원에이전시를 통해 저작권사와 독점 계약한 황금시간이 소유합니다.
저작권법에 의하여 한국 내에서 보호를 받는 저작물이므로 무단전재와 무단복제를 금합니다.

"나도 고양이 있어!"
고양이 니들펠트

지은이 히나리
옮긴이 이해란
펴낸이 정규도
펴낸곳 황금시간

1판 1쇄 발행 2018년 9월 10일
4쇄 발행 2026년 1월 10일

편집 박은경 권명희
디자인 디자인 잔

황금시간
Golden Time

주소 경기도 파주시 문발로 211
전화 (02)736-2031(내선 291~296)
팩스 (02)732-2037
인스타그램 @goldentimebook

출판등록 제406-2007-00002호
공급처 (주)다락원
구입문의 전화: (02)736-2031(내선 250~252)
       팩스: (02)732-2037

구입 후 철회는 회사 내규에 부합하는 경우에 가능하므로 구입문의처에 문의하시기 바랍니다.
분실·파손 등에 따른 소비자 피해에 대해서는 공정거래위원회에서 고시한 소비자 분쟁 해결 기준에 따라 보상 가능합니다. 잘못된 책은 바꿔 드립니다.

ISBN 979-11-87100-60-7 (13630)

http://www.darakwon.co.kr
• 다락원 홈페이지를 통해 주문하시면 자세한 정보와 함께 다양한 혜택을 받으실 수 있습니다.
• 기타 문의사항은 황금시간 편집부로 연락 주십시오.